Bio Sensus Mind Possibílitas

Bio Sensus Mind Possibílitas

Módulo 3: Sensus

Ricardo José De la Vega Domínguez

Possibilitador

Autor: Ricardo José De la Vega Domínguez
Diagramación, Diseño ilustraciones y portada: G. Iván Morales Calderón
Revisión de texto: Mónica Alvarez Aja
Coordinación editorial y revisión de contenidos: Elisa Azcárate Beltrán, Psicoterapeuta y Teóloga.
Diseño de personajes: Alfredo Tello Torrescano

Número de Control de la Biblioteca del Congreso de EE. UU.:   2015902977
ISBN: Tapa Blanda   978-1-5065-0066-9
                     Libro Electrónico   978-1-5065-0068-3

Información de la imprenta disponible en la última página.

Para realizar pedidos de este libro e informes sobre el Diplomado BioSensusMind Possibilitas, favor de contactarnos en:
www.possibilitas.com.mx
possibilitas@gmail.com
México D.F. al (55) 5335 1079 y (55) 9116 8323
https://twitter.com/possibilitas
https://www.www.facebook.com/possibilitas.institute
https://www.facebook.com/InstitutoPossibilitas
https://www.facebook.com/BiosensusmindPossibilitas
http://www.linkedin.com/pub/ricardo-josé-de-la-vega-domínguez
http://www.youtube.com/user/possibilitas

Fecha de revisión: 27/04/2015

Para realizar pedidos de este libro, contacte con:
Palibrio
1663 Liberty Drive
Suite 200
Bloomington, IN 47403
Gratis desde EE. UU. al 877.407.5847
Gratis desde México al 01.800.288.2243
Gratis desde España al 900.866.949
Desde otro país al +1.812.671.9757
Fax: 01.812.355.1576
ventas@palibrio.com
703126

PRÓLOGO

Escribir el prólogo de un libro es un gran honor porque el autor deposita su confianza en alguien más para presentar su obra; y a la vez, una gran responsabilidad, pues será la primera hoja en la que tú, lector, posarás tus ojos, y espero estas palabras te enamoren para que comiences este camino.

Este es un libro lleno de valentía, se necesita de mucho coraje y proceso de vida para escribirlo. Ricardo de la Vega en estás hojas nos regala conocimientos, creatividad, herramientas y procesos, que sé, ha recorrido personalmente para plasmarlos con tanta certeza.

Es la invitación a trabajar lo más efímero y a la vez, lo más fundamental del ser humano, el espíritu. En este libro Sensus® que forma parte de la colección de libros del Sistema **BioSensusMind Possibílitas®** encontrarás preguntas y respuestas, pero las respuestas serán únicas y personales, pues sólo tu puedes responder. Para eso, cada capítulo tiene la valiosa combinación del sustento teórico y las herramientas prácticas para que lo aterrices en tu propia vida.

Desde mi quehacer como logoterapeuta y terapeuta existencial, partimos de una concepción de un ser humano tridimensional holístico que incluye una totalidad de aspectos, es decir con una dimensión física, psíquica y espiritual u ontológica, que es relacional también. El creador de la Logoterapia es Viktor Frankl, él afirma que la Logoterapia es la única psicoterapia comprobada ya que a raíz de su experiencia vivida en los campos de exterminio nazi, los conceptos teóricos que la sustentan son vivenciados y revisados a la luz de su propia existencia; así mismo, este texto surge apartir de la experiencia aplicada en la vida cotidiana, comienza con el tema que es primordial para la logoterapia, el sentido de la vida, pues bien; sentido es la respuesta existencial que le doy a mi vida la conciencia y la capacidad espiritual que nos guía para encontrar sentido, luego entonces estar consciente es fundamental para existir en plenitud.
Aquí encontrarás que cada ejercicio y cada propuesta busca llevarte de la mano a trabajar en la ampliación de tu consciencia.

La raíz de la palabra trabajo, es laboro, en latín. La invitación es a elaborar con cada capítulo aspectos de tu Sensus ® a través de herramientas creativas e innovadoras y hacia la última parte del libro es la espiritualidad religiosa, la invitación íntima a re-ligarte con tu ser superior, te invita a la búsqueda y el encuentro, a revisar los distintos aspectos de tu auténtico Ser Humano, Ser Persona.

Querido lector, quiero recordarte que este texto no va dar frutos a menos de que te comprometas contigo. Para Ricardo de la Vega este es un camino probado para alcanzar la plenitud, si tu también quieres llegar a vivirte pleno, tienes en tus manos una valiosa herramienta, no la dejes oxidar. Utilízala y gózala.

Cuca Valero

Psicóloga Clínica por la Universidad Anáhuac, Logoterapeuta por SMAEL y Casa Viktor Frankl, Psicoterapeuta Existencial CPE Analistas Existencial GLE, Orientadora Humanista por IHPG, miembro de APAEL Asociación Peruana de Análisis Existencial, miembro de ALPE Asociación Latinoamerica de Psicoterapia Existencial. Ponente en Congresos Internacionales de Logoterapia y Análisis Existencial.

La palabra se hizo verbo. ¿A que te suena la palabra **Sensus**®? puedes cerrar tus ojos, apoyar tus pies en el piso y respirar la palabra en tu interior: S e n s u s

---

Sensus es tu chispa espiritual que te mueve a las acciones de amor, perdón, agradecimiento, de esperanza, acciones compasivas con quien ha perdido su trabajo o un amigo, acciones de fe que te conectan con Dios[1], acciones que provocan una felicidad en tu interior; **Sensus**® es el sentido que le da sentido a tu vida y que no es un sentido físico pues es la intuición del alma y que reposa en tu centro y te permite tomar decisiones sabias. Ya que amar, orar, reír, servir, tiene sentido.

A veces actuamos sin habitar nuestras acciones, sin comprometernos con el fruto de lo que sembramos, somos como focos que trabajan a un 20% de su intensidad. Y amar y amarnos es abrazarnos con nuestra luz y nuestra sombra, con nuestros aciertos y equivocaciones.

¿Qué decisiones has tomado sin estar en tu centro?

Sensus® es el Espíritu que habita en ti, es Chispa y acción. Sin **Sensus**® serías un cadáver.

Al orar el otro día frente a la portada de este libro para que en mi corazón y los corazones de México y el mundo florezca la paz. La Cruz de Cristo de madera tapó la letra "**S**" con lo cual en lugar de leer **Sensus**® leí la palabra **ensus**. Y es así, estoy en sus manos, en las manos de Dios, confío en su oleaje.

Sensus® encierra una doble voluntad. La tuya desde tu propia intención y acción, y la de ensus la de Dios que te abraza como un oleaje y te pide que te dejes guiar por su Espíritu y moldear como el barro en las manos del alfarero. Para Ser una Person@ que camina y no solo una persona que da pasos sin saber a donde.

Te invito a conversar con este libro y a abrazar todo tu ser de luz y sombra.

Ric.

---

[1]   El Dr. Luis Jorge González, nos invita a estar abiertos a la Fe y a la duda: si la palabra *Dios* es muy fuerte e incómoda para ti en este momento, pon en su lugar la palabra *Vida*.

Índice

PERSONAJES DEL LIBRO SENSUS 3

Dinámica 1:
Identifica qué nombre le corresponde a cada personaje y escríbelo debajo de su imagen.

Vive feliz:	**JACHISTO JAJÁ**
Vive libre:	**LIBER BLU**
Vive el amor:	**MARIAM LOV**
Vive el perdón:	**PERDONNEUS**
Vive con esperanza:	**ESPERANZATI**
Vive el silencio:	**CANTALACALLA**
Vive su sexualidad en plenitud:	**SEXAPIN**
Vive su resiliencia:	**TIKÁI ÚPALE**

MIROMBLIGO:	Se evade y solo ve su ombligo al caminar.
DISPERZAPPIN BLACK:	Se dispersa y distrae con facilidad y se hace la víctima.
LOS MIROSUELAS:	Emprenden acciones, pero no tienen claro a dónde van.
LOS WATCHANUBES:	Emprenden proyectos y no los concretan con acciones.
POSSIBILLY:	Vive una vida con balance, cuida su salud integral, pero le falta creer que puede cambiar.
JOJOJIJO CHINCHIN:	Vive en las apariencias, dice tener claridad, pero en el fondo sus acciones se centran en si mismo.
MIROTÁLCUATL:	Es un líder trascendente que mira las cosas tal como son.

PRESENTACIÓN

El Sistema **BioSensusMind Possibílitas**® abre tus posibilidades para que te enfoques en tu salud de forma integral, generes un balance en tus diferentes áreas y vivas con pasión tu para qué en la vida; dicho sistema es como la luz blanca, una unidad, un misterio.

La luz blanca es una combinación de los colores primarios que componen el espectro de ondas visibles. Isaac Newton descubrió que la luz blanca era la combinación de colores, esto lo podemos comprobar al pasar un haz de luz blanca a través de un prisma. Un ser humano al igual que la luz blanca es cuerpo, espíritu, mente, emociones, propósito de vida, múltiples colores nos integran. Víktor Frankl promueve con la Logoterapia[2] la tridimensionalidad del ser humano.

Este es el libro tres de los cinco que integran el Sistema **BioSensusMind Possibílitas**® y son base del Diplomado, del mismo nombre. Lo dedicamos a tu Espíritu, lo que llamamos **Sensus**®.

De tener un color, ¿qué color tiene tu Espíritu? El reto es que trabajes en tu dimensión espiritual de forma práctica, para que puedas experienciar los verbos clave de tu existencia: amar, agradecer, ser un Esperanzati® que vive con esperanza su vida y su futuro o un Mirotálcuatl® que contempla las cosas como son sin crearse historias y puede ver con los ojos de la Fe que son los del Espíritu.

Tienes un llamado que te invita a descubrir tu para qué y tu para quién en la vida:
¿Lo escuchas?
¿Qué está interfiriendo para que generes una vida con balance?
¿Qué planes tienes para dentro de diez años, para el futuro de tu familia o el de tu país?
¿A quién o a qué causa dedicas tus días? O, ¿vas muy rápido sin saber a dónde?
¿Has sustituido la brújula por el reloj?[3]
¿Quién está tomando las decisiones importantes para tu porvenir?
¿A quién le has cedido el control de tu vida?
El Sistema **BioSensusMind Possibílitas**® es un puente ascendente que te lleva de una visión fragmentada a una mirada integral de ti mismo.

¿Qué planes tienes paras dentro de diez años? ¿A quién o a qué causa dedicas tus días?

---

[2] La Logoterapia es un método psicoterapéutico creado por el Dr. Viktor Emil Frankl orientado a descubrir el sentido de la vida. www.casaviktorfrankl.com/queeslogoterapia.html
[3] Concepto de Stephen Covey, autor del libro Los siete hábitos de las personas altamente efectivas.

Surge como una propuesta necesaria en un mundo en donde el conocimiento se ha dividido: hay cirujanos de dedos, psiquiatras, personas que se enfocan en el cuidado del cabello y expertos de la mente.

Hacemos citas con especialistas para tratar de arreglar diferentes problemas: un dolor de muelas, sobrepeso, un problema de aceptación o de tristeza. La visión del hombre de hoy se dirige al árbol y pierde de vista el bosque. Un día, tal vez, te descubrirás de una sola pieza, completo.

El Sistema **BioSensusMind Possibílitas**® puede ser la herramienta, la guía que te lleve a ese momento.
No somos un cuerpo. Los cadáveres son cuerpo y es claro que les falta algo, ese espíritu que da alma y chispa de vida. Tampoco somos cuerpo y espíritu, porque estamos dotados de una herramienta mental muy poderosa. Somos en el presente, pero también somos un proyecto de vida.

Para explicar podemos utilizar un ejemplo. Imaginemos una isla, el mar azul turquesa que la rodea por momentos se confunde con el azul del cielo. Esa isla es una unidad integrada al planeta, no está aislada, aunque así nos parece a veces, pues nuestra mente tiene una tendencia a percibir los elementos separados: mar, cielo, arena, palmeras, nubes, sol y pescadores.

En realidad, todos los elementos están conectados entre sí. Ahora, imaginemos que el mar es nuestro cuerpo; el aire que respiramos y que se extiende al infinito formando el cielo es nuestro espíritu; el sol y su luz es la mente, y los habitantes de la isla representan la misión personal y la salud en nuestras relaciones humanas.

Los habitantes de la isla pueden trabajar solos sin comunicarse, con pleitos y rencores o pueden trabajar juntos con un objetivo común: proveer de alimento a la comunidad. Y si algún hombre o mujer de la isla deambula sin actuar, puede ser porque aún no sabe qué es lo que le gusta hacer ni qué es lo que la comunidad necesita de él o ella, es decir, no conoce cuál es su misión personal, entonces tendrá que echarse un clavado dentro de sí para averiguar.

El hecho de vivir en una isla no implica necesariamente que uno tiene que ser pescador, una persona puede elegir trabajar la madera y construir los botes que después se utilizarán para la pesca. Existen acciones para cuidar el ecosistema de la isla, lo mismo que acciones para cuidar nuestro sistema cuerpo-espíritu-mente y para establecer relaciones con sistemas similares, los otros.

Hay acciones que afectan al mar, por ejemplo, tirar basura; hay acciones que afectan el aire como prender fuego.

El sol puede estar ahí y no lo vemos porque está detrás de las nubes o puede brillar tan intensamente que nos sofoca y no nos deja ver claramente.

Necesitamos de la relación con otros e identificar nuestros roles de mutuo apoyo. Cuando los habitantes de la isla se reconocen en conjunto como un pueblo pescador, entonces trabajan en equipo: construyen embarcaciones, tejen las redes, estudian la naturaleza, planean estrategias y finalmente se lanzan al mar, pescan y regresan a tierra con el alimento.

Del mismo modo, cada ser humano necesita reconocerse como una unidad y escuchar y nutrir todo su ser.

Si no escuchamos nuestro cuerpo y nuestras emociones, un día puede surgir de nosotros un volcán en erupción capaz de acabar con el equilibrio de nuestra isla.

Somos un verdadero misterio, formados por infinidad de sistemas: el sistema respiratorio, el sistema circulatorio, el sistema inmunológico, el sistema nervioso. Somos sistemas dentro de sistemas.

Somos un verdadero misterio, formados por infinidad de sistemas

Pertenecemos a un sistema social y el sistema social se encuentra en el sistema solar y el sistema solar está en un sistema mayor, el universo y el universo está en un sistema infinito, Dios.

Cada persona es individuo y comunidad al mismo tiempo, arena e isla a cada instante. El Sistema **BioSensusMind Possibílitas**® es también una unidad. Sin embargo, lo hemos dividido en cinco libros para dosificar y potenciar tu reflexión y aprendizaje.

Hay acciones específicas para nutrir tu cuerpo, alimentar el espíritu, activar la mente y pasos para enfocarte en tu misión personal. Aunque, como eres un sistema completo, cada acción que realices tendrá un efecto en toda tu persona.

Cada libro en sí mismo es una puerta y un universo, cada libro es un compañero de viaje que te hace preguntas, te brinda enseñanzas, te propone ejercicios con el fin de incrementar tu capacidad de auto-observación y acción. Al final de cada uno encontrarás el anexo "Si quieres respuestas hazte preguntas" con 21 ideas para responder de una forma diferente.

El propósito del sistema es ayudarte a pasar de la dispersión a una plenitud enfocada; lo primero en tu vida es definir qué es lo primero.

Eres el cúmulo de las decisiones y acciones que has tomado hasta ahora. Haz un alto, respira y descubre que es posible buscar una vida con balance en un mundo inundado de cambios, es posible disfrutar el aquí y el ahora y enfocarse en un proyecto de vida.

El cambio inicia con una aceptación respetuosa de tu estado actual: salud física, espiritual, emocional y mental, tu propósito de vida y tus relaciones con otros. Aceptar tu realidad, para desde ahí mirar con esperanza al futuro y vivir con responsabilidad. Cada vez que sueñas estás diseñando tu destino, si eliges la actitud adecuada y las acciones precisas para transformar tus propósitos en objetivos claros, medibles y alcanzables.

El Sistema **BioSensusMind Possibílitas**® es una brújula maestra que te guía y te permite, al escucharte en forma integral, descubrir el rumbo de tu vida y disfrutar el camino.
La respuesta está en ti, sigue leyendo...

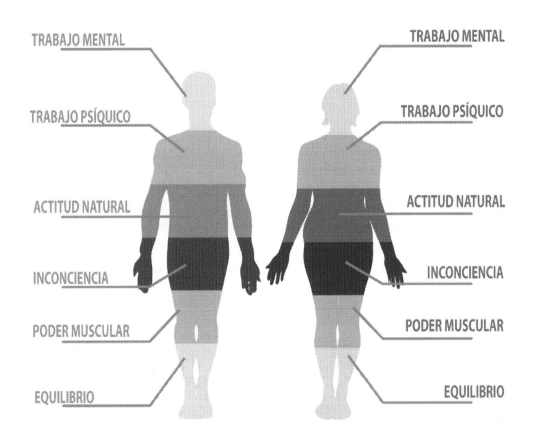

TRABAJO MENTAL

TRABAJO PSÍQUICO

ACTITUD NATURAL

INCONCIENCIA

PODER MUSCULAR

EQUILIBRIO

TRABAJO MENTAL

TRABAJO PSÍQUICO

ACTITUD NATURAL

INCONCIENCIA

PODER MUSCULAR

EQUILIBRIO

HOMMO
POSSIBILITAS

1. Vive tu salud integral

La Organización Mundial de la Salud (OMS) define a la salud de esta manera:
"La salud es el completo estado de bienestar físico, mental y social y no solamente la ausencia de afecciones o enfermedades".[4]
Esta definición ha sido cuestionada, pues exige un completo estado de bienestar físico, mental y social. ¿Es posible que un ser humano pueda estar total y completamente sano en su cuerpo, en su mente y en sus relaciones sociales?

Dice Roxana Rosas que la salud perfecta es más bien una estrella que guía nuestros pasos[5].
Justo cuando parece que ya alcanzaste la salud completa, resulta que comes un alimento descompuesto que te enferma. Entonces, te puedes sentir desmotivado por perder la salud.
Vivir en completo estado de salud es un ideal, no es posible vivir obsesionado con la salud perfecta.

El Dr. Luis Jorge González[6] propone el término salud responsable. Por ejemplo, una persona que se entera de que tiene diabetes puede emprender las acciones necesarias para responsabilizarse de su salud. Se trata de un aprendizaje para alimentarse de una nueva manera. Si la persona es perfeccionista puede experimentar una gran frustración al tratar de adquirir nuevos hábitos, pues va a tener poca tolerancia consigo misma cuando olvide las nuevas acciones que quiere establecer.

Pensar que nuestros valores son estrellas guías es de gran ayuda, la meta es caminar hacia la estrella, no alcanzarla. Utopía es lo que nos impulsa a caminar con esperanza hacia la meta.[7]
Esta nueva forma de pensar baja los niveles de ansiedad; podemos ser más aceptantes con nosotros mismos y con los demás.

Otro cuestionamiento que se ha realizado a la definición de salud que propone la OMS es que toma en cuenta las esferas biológica, psicológica y social del ser humano, la pregunta es ¿en dónde queda la esfera espiritual?

Cualquier persona se puede pesar en una báscula y saber si tiene sobrepeso, o puede ir al doctor cuando tiene una herida que sangra. Pero, ¿cómo se puede medir lo invisible, lo que corresponde a nuestra esfera espiritual? ¿Cómo solucionar los problemas que son del alma?

Cuando una persona lleva años sin perdonar, su problema espiritual se manifiesta en todo su sistema, su cuerpo se enferma y su mente no procesa igual la información. Un cuadro de enfermedad tiene que ver con cuatro áreas: salud del cuerpo físico y cuerpo de energía, salud de la mente, salud social y salud del espíritu.

La estrella guía de la salud integra estos cuatro ámbitos. Pero hay problemas de Salud que van más allá de un problema Bio-psico-social. La definición queda incompleta.

---

[4]   OMS Organización Mundial de la Salud. http://concepto.de/salud-segun-la-oms/#ixzz3FNy1f8ph
[5]   Roxana Rosas Guerra, Psicoterapeuta. IHPG, 2010 México, D.F.
[6]   Luis Jorge González OCD, Doctor en Psicología, Sacerdote Carmelita, Coach, Counsellor Espiritual, conferencista y autor de mas de 70 libros.
[7]   Elisa Azcárate Beltrán, psicoterapeuta y teóloga. México, D.F. mayo 2014

PROBLEMAS DE SALUD EN DIFERENTES ESFERAS	¿Qué acciones puedes hacer para responsabilizarte?	ESPECIALISTA
SALUD FÍSICA		IR AL MÉDICO
SALUD MENTAL		IR CON EL PSICÓLOGO, PSIQUIATRA
SALUD SOCIAL (Misión Personal)		IR CON EL LOGOTERAPEUTA, COACH DE VIDA, ORIENTADOR VOCACIONAL, TERAPIA OCUPACIONAL, ETC.
SALUD ESPIRITUAL		SACERDOTE, RABINO, PASTOR,HOMBRE SABIO DEL PUEBLO, LOGOTERAPEUTA, TANATÓLOGO, COUNSELOR ESPIRITUAL, ETC.

Hay personas que pueden cuidar su cuerpo, ir con el psicólogo para cuidar su mente, disfrutar su trabajo e incorporarse a una vida social y sin embargo tener un problema de salud que se relaciona con su espíritu. ¿Cómo puede beneficiar tu estado de salud el tener Fe?

Fe en alguien, en algo, en un ser Supremo. El ser humano es un sistema vivo y complejo; un sistema biológico, psicológico, social y espiritual. De la misma manera que vivir disociados del cuerpo y no escuchar o no ejercitar las facultades mentales y guardar en un cajón las inteligencias múltiples[8] causa enfermedad, desconocer nuestro espíritu y vivir sin conectarnos con nuestra esfera espiritual, genera problemas de salud.

El perdonar va más allá de ser un proceso psicofísico, incluye a la esfera espiritual.
Con biofeedback podemos medir nuestras respuestas biológicas como variabilidad de la frecuencia cardiaca, pulso, tensión muscular y conductancia de la piel, entre otras.

Con técnicas de Neurofeedback podemos entrenar nuestro desempeño mental al observar nuestras ondas cerebrales. Las manifestaciones del espíritu no se pueden medir con tecnología, pero sí se pueden detectar en la vida cotidiana. En el Módulo Sensus trabajarás para la salud de tu dimensión espiritual.

---

[8]   Howard Gardner, Inteligencias Múltiples: la teoría en la práctica. Editorial Paidos Ibérica. 2005, 384 páginas.

2. ¿Qué es Sensus?

Sensus es la chispa espiritual en ti que te mantiene con vida, son tus ganas de vivir a cada momento con sentido, es la conciencia trascendente que habita en tu interior. Es la conexión con una dimensión espiritual, con los valores auto elegidos y con la vivencia de los verbos: amar, perdonar, ayudar, orar, elegir… Si el cuerpo es la casa, Sensus es el espíritu que habita en esa casa, el que da impulso de vida.

En lo más profundo de tu ser hay un propósito trascendental que espera ser realizado. Sensus es tu esencia consciente, el observador dentro de ti, el que mira lo invisible haciéndolo visible, ya que contemplar es mas que ver.

¿Qué significa Sensus para ti? Respetamos en este libro tu sistema de creencias (como lector o participante en el Diplomado **BioSensusMind Possibílitas**®). Y en este punto, se encuentra tu relación con Dios. En algún momento te presentaron a Dios, quizás en la familia, la escuela o en un templo. Dios es un concepto y hasta que lo haces tuyo, lo eliges o lo rechazas, pasa de ser un introyecto a ser una elección de vida.[9]

La rebeldía, la duda sobre lo que nos ha sido inculcado, forma parte de la libertad. La duda también forma parte de nuestra fe y la fortalece. Cuando una persona, después de un proceso de rebelión, decide regresar o no regresar a sus raíces, sus convicciones son más sólidas y motivantes.
Sensus va más allá de un concepto, consiste en el experienciar verbos específicos que nos distinguen como seres humanos: el amor, el perdón, el agradecimiento.

Como lo plantea Víktor Frankl[10] en Logoterapia, el hombre no se reduce a procesos psico-físicos, sino que se expande a tres dimensiones al integrar lo específicamente humano, lo espiritual.
Sensus es el espíritu que habita tu casa, tu cuerpo, y utiliza a tu mente (Mind) como una herramienta a tu servicio y al servicio de otros (tu dimensión social). En realidad el ser humano es un sistema vivo en donde nuestro cuerpo, espíritu, mente son una unidad integral.

Con fines prácticos, tanto en este libro como en el Sistema **BioSensusMind Possibílitas**® dividimos lo indivisible, para poder cuidar y alimentar todo el sistema sin olvidar ninguna de las esferas que lo integran. El problema real es cuando nos identificarnos sólo con el cuerpo, sólo con la mente, sólo con la esfera social o sólo con el espíritu. Y así vivimos casi siempre, incompletos y divididos. Puedes empezar ahora a percibirte como una tri-unidad cuerpo-espíritu-mente con un propósito, con un para qué y un para quién. Hay un misterio en ti, tu propia esencia; está en el fondo, es tu inconsciente espiritual.[11]
Así, es posible hacer un viaje al centro de la Tierra, tu corazón, en busca de esa sabiduría interior.

¿Cuáles son los laberintos que te impiden llegar a tu centro?
Sensus®, tu espíritu, puede parecer intangible, un campo invisible para el ojo del escéptico.

---

[9] Un introyecto es un concepto, idea, creencia, estilo de vida, que te tragas sin digerirlo. IHPG Ángeles Martín, Manual Práctico de Psicoterapia Gestalt.

[10] Frankl, Víktor E. El hombre en busca de sentido. Herder Editorial S.A. 2004

[11] Frankl, Víktor E., "La Presencia Ignorada de Dios". Herder Editorial, S.A.. Barcelona Reimpresión 1995.

Entonces, se puede recurrir a la metáfora para comprenderlo.

En nuestra parte Bio existen las células madre, todas las posibilidades existen dentro de ellas, son células origen, que tienen el potencial de convertirse en diferentes tipos de células del organismo: del corazón, del hígado, etc. Por ello, guardar la sangre del cordón umbilical, rico en células madre, permite asegurar la futura salud de un bebé por su poder reparador.

En nuestra parte Mind se encuentran las células llamadas neuronas; de ellas depende la actividad mental. El cerebro emite descargas eléctricas que pueden ser medidas por un aparato llamado electroencefalógrafo. Visto así, el pensamiento es una poderosa descarga eléctrica emitida por el cerebro.

Hay estudios que demuestran la plasticidad del cerebro humano; las neuronas se replican y generan nuevas conexiones.

Entonces… ¿Cuál es el soporte biológico de nuestro espíritu? ¿Existen las células espirituales?

Si existen las células madre en los dientes de leche y en el cordón umbilical y las neuronas (células mentales) en nuestro sistema nerviosos; y si hacemos uso de nuestra imaginación, la metáfora nos lleva a pensar en células espirituales, **GenYavén**, que contienen la chispa de la vida, el campo de información de nuestra esencia que es el alma, aquella parte de nosotros que es inmortal.

¿Puedes imaginar estas células? ¿Qué significa la plasticidad espiritual? La resiliencia, esa capacidad de caer y levantarte, es prueba de ello. Células sensibles al amor, al perdón, a la gratitud, que se estimulan con la compasión. ¿Cuál es el espacio para el desarrollo de las células **GenYavén**? La música, el arte, cualquier manifestación creativa y compasiva. **GenYavén** está en nuestro ADN y se nutre y crece, en la relación con lo Otro.[12]

La presencia de Dios me rodea como una atmósfera y al respirar, Dios entra dentro de mí y me oxigena[13]; la metáfora de las células **GenYavén**, hace referencia no solo a la chispa de vida que es mi alma dentro de mí, sino a la presencia de Dios que entra en mi como un oxígeno que alimenta mi zarza ardiente interior. Un misterio en cada célula.

Existan o no existan las células **GenYavén**, cualquier célula de nuestro organismo responde al amor, a nuestros estados de paz interior y vibra en salud cuando nos acercamos a Dios. Ya se ha descubierto que las neuronas no están solo en el cerebro, en nuestro corazón también existen miles de neuronas.

El Sistema **BioSensusMind Possibílitas**® no pretende dividirnos; entrar y salir de la metáfora nos lleva a pensar en cada célula de nuestro cuerpo como un todo que incluye nuestra memoria genética, emocional, mental y nuestra memoria espiritual, la voz de Dios que nos recuerda que tenemos una misión de vida. La siguiente ilustración muestra dicha metáfora de los tres tipos de células:

---

12   Al compartirle la metáfora de las células GenYavén, la psicoterapeuta y Teóloga Elisa Azcárate Beltrán enriqueció la metáfora al decir que dichas cédulas se nutren en la relación con lo OTRO. Somos seres en relación con los demás y con (DIOS) Dios entre paréntesis respetando el sistema de creencias de cada quien. México, D.F. 13 marzo 2014.

13   Fr. Rafael Checa OCD Jornadas de Contemplación, Editorial Santa Teresa, México.

El secreto del GenYavén

Repasemos con mucho cuidado el valioso secreto que encierra esta molécula.
Y de cómo podemos aplicarla en nuestra vida cotidiana para resolver algún conflicto.

Célula madre

Todo parte de una célula madre, que es capaz de dividirse indefinidamente, lo cuál significa que puede reparar tejido de cualquier órgano, ya sea un glóbulo rojo, una célula muscular o una neurona, arreglando en general cualquier patología del organismo.

Neurona: es un tipo de célula del sistema nervioso que su función es excitarse eléctricamente por medio de una membrana plasmática; cualquier estimulo que recibe es presentido química y eléctricamente, y su velocidad de respuesta es casi la de la velocidad de la luz.

Neurona

Existe una gran conexión de una a otra a través de una terminal llamada axon, y la comunicación entre ellas se llama sinápsis, entre más se ejercite esa comunicación tendrá mayor fluidez.

El genoma humano es la secuencia de ADN contenida en 23 pares de cromosomas en el núcleo de cada célula.

Esta secuencia en espiral conforma el genoma humano y contiene codificada la información necesaria para la expresión del proteoma humano es decir, el conjunto de proteinas para que pueda existir el ser humano.

GenYavén

¿Cuál es el secreto de Dios escrito en tu interior?

¿Qué descubro en la molécula **BSM** siguiente?

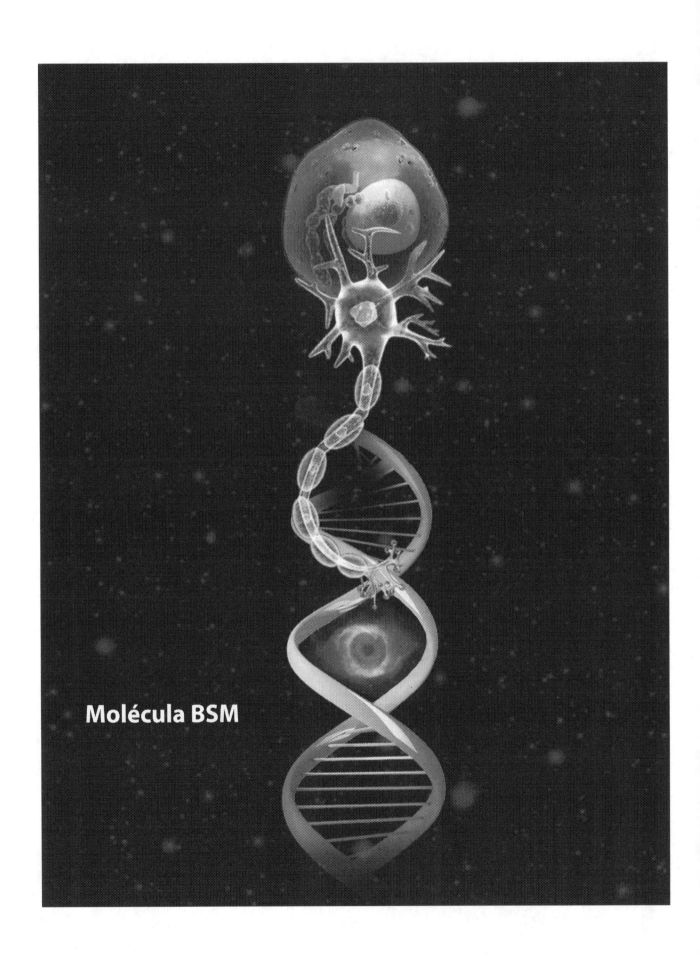

Molécula BSM

RICARDO JOSÉ DE LA VEGA

Vive con salud integral: ¿Qué acciones puedes hacer hoy para vivir con salud integral?

3. Vive con Sentido de Vida

Parece que nuestra vida está dirigida por un piloto automático. No nos damos cuenta de la trascendencia de respirar, trabajar, contar con alguien a quien amar. Como si el significado que da color a nuestros paisajes internos estuviera averiado. Detrás de cada situación placentera, dolorosa o rutinaria está oculto un tesoro, un regalo de aprendizaje. Puedes tener dinero, puedes tener satisfechas tus necesidades biológicas y psicológicas y sin embargo, experimentar un vacío existencial.

El sentido de vida es el significado profundo que damos a cada experiencia de vida.

Ejercicio

Trae a este momento una situación placentera, un evento doloroso en tu vida y una vivencia rutinaria.

¿Cuál es la semilla de significado encerrada en cada experiencia?

¿Para qué ocurren estos eventos en tu vida?

¿Para qué sirve descubrir el sentido de vida?

Evento	Significado actual	Semilla de significado por descubrir
1.- Placentero:		
2.- Doloroso:		
3.- Rutinario:		

Descubrir el sentido de vida da dirección a tus pasos como una estrella guía; la paz interior[14]"es una consecuencia de tener claridad de a dónde vamos y qué significado elegimos darle a la vida". Cuando tienes claro tu sentido de vida, puedes establecer prioridades y enfocarte con más facilidad; aprendes a vivir de acuerdo a tu propia jerarquía de valores, es un entrenamiento para vivir la libertad.

Por ello existe la Terapia de Sentido que plantea Vicktor Frankl, para pasar del vacío existencial al entusiasmo y contar con motivos para vivir.

---

[14] Eliza Azcárate Beltrán, Psicoterapeuta y Teóloga, hace una diferenciación entre tranquilidad y la paz interior, que es una paz profunda al saber que vengo del amor y voy al amor. Paz es más que tranquilidad.

Ejercicio

Te invito a que puedas llevar un diario para que descubras qué le da sentido a cada día de tu vida. Antes de dormirte puedes contestar las siguientes preguntas:

Descubre tu sentido de vida

Acción: llevar un diario de tu sentido de vida

> **¿Qué es para mi Valioso?**
>
> **¿Qué le dió sentido a este día?**
>
> **¿Quién le dió sentido a este día?**
>
> **¿Qué le quitó sentido?**
>
> **¿Qué agradezco?**
>
> **¿Cómo está mi relación con Dios?**
>
> **¿Cómo contribuí el día de hoy para que este mundo sea mejor?**
>
> **¿Cómo me relacioné con las personas que me rodean?**

¿De dónde viene la motivación?

De acuerdo al modelo del proceso de la motivación[15], si partimos de que la motivación nos mueve a la acción, los componentes anteriores a la acción misma son el pensamiento, el sentimiento y la actitud.

De ahí las preguntas para ti lector: ¿Qué pensamientos te motivan? ¿Qué estados emocionales te mueven a conseguir tus metas? ¿Qué actitudes tienes al realizar tu trabajo y al vivir en familia?

Cuando alguien dice "estoy desmotivado," ¿a qué se refiere? Es como circular con un automóvil sin gasolina o con las llantas desinfladas. El Sentido es una de las motivaciones más profundas. Tú eliges el significado que das a tu vida. Tu estado de ánimo no depende de que los días estén nublados o soleados. Hay una energía, un entusiasmo[16] para seguir adelante. Como si tu corazón fuera una lámpara que ilumina todo tu interior y el camino a seguir. La persona puede ser impulsada a la acción por diferentes motivos: intrínsecos, extrínsecos y trascendentes[17]. El problema es depender de factores externos como el premio o el castigo para estar motivados: aumentos de sueldo, bonos, aguinaldo.

---

[15]   Citado por el Ing. Washington Sandoval Erazo **http://publiespe.espe.edu.ec/articulos/liderazgo/motivacion.pdf,** con base en Germán Gómez-Llera y José Ramón Pin. Dirigir es Educar. Mc Graw Hill. Madrid, 1994.

[16]   La etimología de Entusiasmo: (En = adentro; Theos = Dios) Persona inspirada por Dios, Dios dentro de mi me mueve.

[17]   Juan Antonio Pérez López (1934-1996). Profesor de "Teoría de la Organización" del IESE, escuela de dirección de la Universidad de Navarra de la que fue Director General (1978-1984)

Ser reconocido por los demás, pertenecer a un grupo, evitar un castigo como la ley del hielo o las multas.
¿Qué ocurre cuando el estímulo externo que nos motiva desaparece?
Se pierde el sabor de hacer las cosas.

¿Para qué lo hago, si nadie me ve?
Somos seres relacionales y necesitamos de la relación con otros para construirnos en nuestras acciones de amor y de servicio. Las personas que te rodean son espejos en las que nos construimos momento a momento al conversar.

¿En qué espejos humanos me estoy reflejando?
El problema es depender al 100% de las opiniones de los demás. Al primer comentario negativo nos desinflamos.

¿Qué sucede cuando la motivación viene del interior?

Estar auto motivado es como un combustible interior que te pone en movimiento.
El impacto de las adversidades y comentarios negativos te afecta menos. Tus convicciones, tus valores auto elegidos te dan la fuerza interior para seguir viviendo y enfrentar cada nuevo desafío como una oportunidad de aprender.
Sabemos que el alcanzar un sueño, una meta, nos lleva a segregar endorfinas; pero ¿quién no ha experimentado un "bajón" de energía tras alcanzar el trofeo anhelado? Parece ser que el sentido está más relacionado con disfrutar el camino, que con el hecho de conseguir lo que buscamos. Por ello necesitamos -como propone Elisabeth Lukas[18]- aprender a ganar y perder. Vivir sin apegos, desprendernos.

Tener metas por alcanzar nos motiva, lograrlas nos provoca una alegría que se desvanece; aceptar que puede venir un bajón de la motivación, que necesitamos disfrutar el camino a la meta y tras alcanzar el éxito, saborearlo y conectar con el significado de nuestra existencia, el propósito detrás de nuestras acciones y metas.

Las motivaciones trascendentes nos conectan con ayudar a los demás, dejando a un lado muchas veces el beneficio material personal, implica el salir de mi mismo para ser solidari@[19]y enfocarme a causas a las cuales ayudar y servir; también incluye el amor a Dios y los demás que se traduce en la caridad. La motivación trascendente tiene un impacto en la motivación interior, la alimenta y la impulsa, como una batería que se recarga cuando se conecta a la corriente eléctrica.

Por ejemplo, la madre Teresa de Calcuta, era movida por tres motivaciones (exterior, interior, trascenden te), en especial por la interior y la trascendente. Cuando la fuerza interior se apagaba, acudía a orar y se cargaba de la fuente que es Dios para seguir dando servicio a los demás.

---

[18]   Lukas, Elisabeth, Ganar y Perder: la Logoterapia y los vínculos emocionales. Editorial Paidós Ibérica. Barcelona, 2006.
[19]   Las palabras con @ se utilizan para incluir tanto a hombres como a mujeres.

La motivación externa no era su principal fuente de impulso, por ejemplo, cuando un presidente de un país le ofreció donarle la construcción de un hospital en una zona de personas adineradas, ella se dio la media vuelta y dejó hablando solo al que se negó a construir el hospital para personas con escasos recursos.[20]

Otro modelo que presenta tres posibles motivaciones: ¿Qué te mueve: el poder, el placer, el sentido?[21] Todo acto humano es influido en diferentes porcentajes por las tres motivaciones, una de ellas predomina. Revisa tus acciones: ¿Qué motivación descubres que está detrás de cada acto? Por ejemplo, puedes tomar un curso por obtener un Diploma y saber más que los demás (poder); puedes asistir al curso por aprender algo nuevo, conocer gente, la comida (placer); puedes aprovechar el curso para contribuir con una sociedad mejor (lo que te mueve es el SENTIDO de ayuda para aplicar lo aprendido).

Alfried Längle[22] propone 4 motivaciones fundamentales del ser humano:

1. Ser: ¿Puedo ser en el mundo? ¿Qué le da sostén a mi vida? El mundo, mi casa, mi trabajo necesitan ser espacios donde pueda respirar. De lo contrario me asfixio y caigo en ansiedad.

2. Deseo de vivir: ¿Me gusta vivir?, ¿cuáles son las acciones que me llenan de vida?, ¿cómo gozo mi vida? Quien no disfruta y se abre a la vida puede caer en depresión.

3. Ser yo mismo: ¿Puedo ser yo mismo en mi casa, en la escuela, con mis amigos?
Cuando no se da la aceptación de mi esencia puedo caer en trastornos de personalidad, como el camaleón que adapta su vida y valores a cualquier costo para pertenecer a un grupo.

4. Sentido de Vida (el planteamiento de Viktor Frankl): ¿Tengo yo algo que sea requerido por los demás? Cuando no encuentro el sentido de mi vida puedo caer en un vacío existencial.
La aportación que da Alfried Längle es la combinación del Enfoque Centrado en la persona de Carl Rogers y el Enfoque Centrado en el Sentido (Viktor Frankl) con el método de Análisis Existencial Personal.[23]

Puedes revisar los Focussingos que introdujimos en el Libro 1 de esta serie, así como otros personajes presentados en este sistema de cinco libros, para descubrir ¿qué motiva a cada uno?, ¿qué los impulsa a la acción? Los Focussingos están tan enfocados en conseguir su objetivo, quieren "salirse con la suya", que no abren espacio para responder a las preguntas existenciales de su vida, tienen un objetivo en mente sin la claridad de para qué quieren lo que quieren. Esta "visión de tubo" los lleva a no disfrutar el camino. Sus conversaciones son sobre el futuro.

Los Focussingos olvidan que en el juego de la vida se gana y se pierde, y que también en las pérdidas hay una ganancia de aprendizaje. Quieren conseguir su meta lo más rápido posible, viven ansiosos en el futuro, les enoja no conseguir sus objetivos pues no tienen un manejo adecuado de su frustración. Se niegan a reconocer sus pérdidas y evitan vivir sus duelos.

---

[20]   Padre Jesús Vizcarra, Sacerdote Jesuita. Curso de Biblia en México, D.F. octubre de 2003.

[21]   Enrique García es Logoterapeuta de Grupos, ideas expuestas en el Diplomado en el Manejo de Grupos 10 Perspectivas Humanistas, Logoterapéuticas y Existenciales para la comprensión y trabajo con Grupos de CELPHYE de Cuca Valero, México, D.F. Junio 2014.

[22]   Ideas del Alfried Längle expuestas por el Dr. Alejandro Velasco Director de GLE México, Instituto Mexicano de Análisis Existencial S.C. en el Diplomado en el Manejo de Grupos 10 Perspectivas Humanista, Logoterapéuticas y Existenciales para la comprensión y trabajo con Grupos del CELPHYE de Cuca Valero, México, D.F. 2013.

[23]   Ibidem.

Tipo 1. Disperzappin

Disperso, no concluye lo que comienza, está sumergido en su *programación televisiva interna*.

Tipo 2. Disperzappin Black

Es disperso y pesimista. Se siente víctima del mundo. Es *azotado*, se la vive culpando a los demás de lo que le ocurre. Es chantajista y vive de la autocompasión.

Tipo 3. Focussingo Mind

Siempre está centrado en su mente, en sus triunfos; descuida su cuerpo y su espíritu.

Tipo 4. Focussingo Metrosexy

Está solamente enfocado en su cuerpo.

Tipo 5. Focussingo Corpomente

Aprende de sus errores. Genera un equilibrio entre su mente y su cuerpo, pero es individualista. Le falta vivir el amor, el altruismo, los duelos y dejar un legado.

Tipo 6. Focussingo Black

Se obsesiona con sus objetivos y los consigue a cualquier costo. Pisa los derechos de los demás.

Tipo 7. PossiBilly
Genera un balance integral de su vida, escucha a su cuerpo,
a su espíritu y a su mente.

Tipo 8. JojoJijo Chinchin
Aparenta una gran espiritualidad, pero es altamente inconguente.
Es ritualista y perfeccionista.

Tipo 9. Mirotálcuatl
Prototipo del lider de cambio, tiene un nivel de congruencia como
el de Jesucristo, Gandhi, Juan Pablo II y el Dalailama.

PossiBilly tiene objetivos en mente y los alinea con su misión y visión.

Jojojijo Chinchin vive en la apariencia de ser perfecto, al no escuchar sus emociones no se abre a la empatía con otros, en apariencia lo mueve un deseo altruista por ayudar a otros, pero su motivación es el poder, quiere la popularidad al ser percibido como "el bueno".

Mirotálcuatl tiene una mirada que contempla a las personas y las situaciones tal como son, sin contarse historias, sin poner etiquetas, respira el aquí y el ahora, su sabiduría escucha y tiene la actitud humilde del aprendiz, que aprende de sus errores.

Elisabeth Lukas nos invita a ser vulnerables en el amor, a amar sin apegos, estableciendo vínculos en el aquí y el ahora dispuestos a enfrentar en el futuro el duelo y descubrir un sentido de vida en las pérdidas: "Saber vivir es establecer relaciones y estar preparado para desprenderse de ellas".[24]

¿Cómo estás en el terreno del ganar y estar dispuesto a perder?

*¿Cómo manejas tu frustación cuando no consigues tu objetivo?
*¿Qué pertenencias materiales te dolería perder?
*¿A quienes te dolería perder?

Apego 0 1 2 3 4 5 Desapego
¿En qué número te percibes ahora?

Ejercicio

Para descubrir tus apegos y tu flexibilidad para adaptarte a las nuevas circunstancias, te pido que imagines con todo realismo la siguiente situación: Te dan la noticia de que la próxima semana tienes que mudarte a un lugar aislado de China y solo puedes llevar contigo tres kilos en una pequeña maleta. Ni amigos, ni familiares te pueden acompañar.

¿Qué te llevarías?
Haz tu lista, tómate tu tiempo para una reflexión profunda.

---

[24]   Lukas, Elisabeth, Ganar y Perder: la Logoterapia y los vínculos emocionales. Editorial Paidós Ibérica. Barcelona, 2006.

¿Qué me llevo en mi maleta?

1 _____

2 _____

3 _____

4 _____

5 _____

6 _____

7 _____

El ejercicio de la maleta lo aprendí con el Padre Jesús Vizcarra[25] y nos prepara para el gran viaje, la muerte. ¿Qué te vas a llevar en la maleta el día que te mueras? Necesitamos entrenarnos en ganar y en perder. Una de las razones de los ayunos es conocer tu vulnerabilidad y trabajar con tu sombra. (Hablamos de tu luz y tu sombra en el libro 1 de esta serie BSM).

¿Qué serías capaz de hacer por comer lo que más te gusta tras un ayuno de 15 días?

¿Qué harías si tus necesidades básicas de amor, techo, ropa, seguridad, higiene, no estuvieran cubiertas? El ejercicio de la maleta nos permite visualizarnos en una crisis.

¿Cuáles son las crisis voluntarias a las que quieres someterte para trabajar con tu sombra?

_____

_____

Nuestra tendencia a acumular objetos, recuerdos, personas, nos lleva a ser viajeros con una maleta que nos cuesta trabajo cargar, generando un daño en la columna vertebral de nuestro espíritu ya que vive torcida con tantos apegos. Amar es también soltar al ser amado para no tratarlo como una posesión. Para amar necesitamos escuchar nuestros miedos y no confundir el amor que tengo por otro con la necesidad de controlarle.

Vive con sentido tu vida. *¿Qué acciones puedes hacer para vivir con sentido cada momento?*

---

[25]   Curso de análisis de la Biblia del Padre Jesús Vizcarra. México, D.F., 2003.

4. Vive en libertad

Piensa por un momento en tu vida. No pediste nacer y estás aquí en el mundo. Desde la filosofía existencialista, un hombre está condenado a su existencia. Eres esclavo de tu propia libertad.[26]
Te creas a ti mism@ y te construyes momento a momento con lo que eliges pensar, eliges sentir, eliges conversar contigo mismo y con los demás; te construyes con tus acciones y también con lo que pospones. Pues la persona se crea eligiéndose. Si no elegimos permitimos que las circunstancias elijan por nosotros. Elegimos lo que somos, y somos eso que elegimos.

Kierkegaard[27], un filósofo Danés del siglo XIX, al que se le considera padre del existencialismo y propone ideas sobre la libertad humana, afirmó que la vida es una aventura, vivimos entre dilemas existenciales que nos generan angustia y hay que arriesgarnos a vivir y tomar decisiones.
De ahí su idea: nos construimos a cada momento con nuestras acciones. Somos nosotros los que elegimos vivir una existencia que nos apasiona al descubrir un para qué; o decidimos vivir sin rumbo, sin sentido y en un gran aburrimiento.

El Ser humano es potencia, hay muchos talentos, cualidades, habilidades, virtudes, por descubrir y desarrollar para la construcción de tu Yo posible. ¿Qué es el Yo posible? Utilizando la metáfora de un foco, ¿con qué intensidad brillas?, ¿eres un foco que trabaja al 20% o eres un foco que brilla con todo su potencial? Atrás de ti existe una historia que te determina y al mismo tiempo te libera.

Un legado genético lleno de bendiciones y posibilidades. Tenemos libertad individual y la libertad grupal, podemos construir un nosotros posible, un país posible, un mundo posible.

---

26   Alcaraz, Sergio. Psicología Humanista, en La Especialidad de Desarrollo Humano, Instituto Humanista de Psicoterapia Gestalt, México, 2011.
27   Para conocer más de este filósofo podemos visitar la página http://www.uia.mx/departamentos/dpt_filosofia/kierkergaard/art.html

Abraham Maslow, psicólogo estadounidense, uno de los exponentes de la psicología humanista, es conocido por la Pirámide de las Necesidades Humanas, una teoría sobre la satisfacción de las necesidades de forma jerárquica: primero los seres humanos buscamos satisfacer la necesidades básicas de la parte inferior de la pirámide: respirar, comer, descansar, vestirse, seguridad física y de ahí pasa a satisfacer otras necesidades como pertenecer a un grupo, ser reconocido, hasta llegar a la cúspide donde están los deseos más elevados.

Maslow rompe con otras corrientes psicológicas que ven a la persona tan sólo como un ser enfermo. Si utilizamos la metáfora del queso gruyere, podemos decir que hay algunos psicólogos que se enfocan en ver los agujeros y el queso faltante en cada hueco, a diferencia de otros psicólogos como los humanistas o como la psicología positiva, donde cambia la mirada y se mira al hombre con todo su potencial.

Cuando vas a la tienda y pides 300 gramos de queso gruyere, ¿acaso llegas diciendo: "Me da 300 gramos de agujeros de queso gruyere"? ¿Son los agujeros los que dan el peso? ¿Dónde pones tu enfoque, en tus fortalezas o en tus debilidades?

Presta atención a tus talentos y desarróllalos sin dejar de mirar tu sombra. Hay una gran diferencia entre los actos del "hombre" (los no razonados), los actos humanos y los actos divinos.

Los actos del hombre son los procesos biológicos, no hay intencionalidad, por ejemplo, el latido del corazón; en los actos humanos hay una intención y por lo tanto, una ética del acto, por ejemplo, no asisto a la escuela por flojera, es mi propia voluntad mental y biológica la que opera; en el acto divino mi espíritu inspirado por

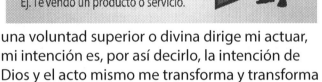

Actos del hombre vs actos humanos

Descubre tu intención detrás de tu intención
Actos del hombre y Acto humano:
"Disculpame no fué mi intención".
En el acto del hombre: no hay intención.
Ej. hablo cuando estoy dormido.
En el Acto humano si hay intención.
Aquí radica la libertad humana.
Ej. Te vendo un producto o servicio.

una voluntad superior o divina dirige mi actuar, mi intención es, por así decirlo, la intención de Dios y el acto mismo me transforma y transforma mi entorno.

Vivir con libertad significa aprender a vivir con el miedo y la angustia que da el responsabilizarnos de nuestros actos y de nuestras decisiones.

El mundo y la vida tienen infinidad de posibilidades, nos aterra equivocarnos. Elegir entre tomar refresco o tomar agua tiene consecuencias en el corto, en el mediano y en el largo plazo. Elegir una carrera profesional en lugar de otra, cambiarnos de casa, elegir pareja. ¿Cuáles son las decisiones que más angustia te generan? El posponer también es una decisión que elegimos. ¿Cuáles son las consecuencias de postergar?

El Dr. Piers Steel nos invita a reflexionar sobre el tema de postergar, posponer, aplazar, es decir, el dejar para mañana lo que podemos hacer hoy. No lo hacemos por miedo y por no contar con un plan basado en prioridades.

Posponemos acciones y decisiones que son necesarias; año con año hacemos un listado de propósitos que no cumplimos.[27]

---

[28]   Steel, Piers, Procrastinación: Por qué dejamos para mañana lo que podemos hacer hoy. Editorial Grijalbo, 2012.

Menciona el Dr. Steel en su libro que las encuestas sobre el tema demuestran que el 95% de las personas admiten que postergan sus objetivos.

Los libros y el Diplomado del sistema **BioSensusMind Possibílitas**® buscan ser una ayuda para generar nuevos hábitos y poder enfrentar con éxito el hábito de posponer lo importante en tu vida. Hay un número infinito de acciones para cuidar tu cuerpo, tu mente, tu espíritu; hay un sin fin de causas a las cuales dedicar tu vida: la pintura, la poesía, los negocios, los ancianos, los niños con cáncer, la política, la hospitalidad, la educación, la salud mental, la decoración, el desarrollo de nuevas tecnologías, ser un artista del tatuaje o un monje en la montaña.

En el infinito de opciones nos confundimos, son tantas que nos dispersamos y vivimos con temor a equivocarnos. Tal vez por eso surge nuestra conducta irracional de posponer o de dejar que las cosas sucedan por sí solas y de ahí la necesidad de prestar atención a nuestras brújulas.

Ejercicio

¿Qué estás postergando que es prioritario en tu vida?
Escribe una lista de promesas que no has cumplido (a nivel personal, familiar o empresarial):

1_____

2_____

3_____

Ahora escribe una lluvia de ideas sobre las causas, pretextos o "salidas laterales" que has dado para posponer esas promesas. Por ejemplo, no sonó mi despertador, había mucho tráfico, mi genética no me permite bajar de peso, el calendario maya y mi horóscopo sugieren no tomar decisiones importantes el día de hoy...

1_____

2_____

3_____

Lo que se busca con este ejercicio es tu reflexión y tomar conciencia de las consecuencias que tiene en tu vida el postergar decisiones y acciones. El análisis lleva al aprendizaje para crear nuevas conductas.

Susy Welch[29] propone un método que nos ayuda a tomar decisiones más efectivas, al considerar los efectos de una acción o decisión en la línea del tiempo. Ante los dilemas de la vida y las preguntas a las que prefieres no dar una respuesta, lo que está en conflicto es el aquí y el ahora con el impacto en el futuro que mi decisión puede tener. Por ejemplo, un joven que se droga está haciendo uso de su libertad, en el momento presente experimenta gran placer, pero a futuro, su acción está afectando su salud.

El método de Suzy Welch es un entrenamiento en el uso de la libertad humana para tomar mejores decisiones y emprender acciones al tomar en cuenta el tiempo inmediato, el mediano plazo y el largo plazo. Este entrenamiento para la toma de decisiones nos lleva a la reflexión en el 10.10.10.
Lo que significa que algunas acciones comienzan a tener un impacto en nosotros a los 10 minutos, a los 10 meses o a los 10 años.

Ejercicio: Negociar con nosotros mismos para tomar decisiones es un gran reto. En ocasiones nos mueve la satisfacción momentánea y perdemos de vista las consecuencias a futuro de nuestros actos. ¿Cómo tomar decisiones inteligentes? Piensa en una decisión o acción por tomar.
Por ejemplo, ¿Será buena idea cambiarme de escuela o de trabajo? y desde tu honestidad contesta:

10 minutos (corto plazo) ¿Cuáles serán las consecuencias en diez minutos de cada una de mis opciones? _____

10 meses (mediano plazo) ¿Y en diez meses?

_____

10 años (largo plazo) ¿Y en diez años?

_____

Esté método te puede ser de mucha utilidad para elegir desde qué alimento comer, en qué ocupar tu tiempo libre o con quién relacionarte.

Vive con Libertad:
¿Qué acciones puedes hacer para ser más libre como el personaje Liber Blu?

---

29   Welch, Susy, 10 minutos - 10 meses - 10 años: Una fórmula que transformará tu vida. Editorial CEACO. 2010

5. Vive tu felicidad

5.1 ¿Qué es la felicidad?

La felicidad es una disposición de ánimo, es un destino emocional elegido personalmente.[30]
La felicidad consiste en aceptar mis emociones sin negarlas y fluir con ellas a un estado de quietud y paz. Se construye desde la libertad y la madurez emocional.

En mis Talleres de Proyecto de vida, a la pregunta ¿Qué es lo que realmente quieres?, jóvenes, señoras, empresarios contestan después de cerrar los ojos y contactar su corazón: "Lo que realmente quiero en la vida es ser feliz". La psicología positiva habla de ésta búsqueda legítima de todo ser humano por ser feliz. [31]Si contabilizaras tus momentos felices de cada día, ¿cuánto tiempo has sido feliz esta semana, mes, año, vida? David Fischman [32] nos invita a descubrir en que cuadrante nos encontramos al combinar el nivel de felicidad y grado de conciencia:

Cuadrante 1: Feliz y me doy cuenta de ello.   Cuadrante 2: Feliz y no me doy cuenta.

Cuadrante 3: Infeliz y no me doy cuenta.   Cuadrante 4: Infeliz y me doy cuenta.

¿En qué cuadrante te encuentras en este momento? ¿Te ha pasado que estás feliz sin un motivo y las personas en la calle te ven raro?, o ¿vas cantando en tu coche y se burlan?

---

30   Así lo plantea el Dr. Luis Jorge González en el libro "Psicología de Teresa de Lisieux" Editorial Buena Prensa.
31   Seligman, Martin E. P. La auténtica Felicidad. España, Edición Mayo 2001, Ediciones B, S.A. para el sello Zeta Bolsillo.
32   Fischman, David, La Alta rentabilidad de la Felicidad. Primera Edición: agosto de 2010. Editorial El Mercurio, Aguilar.

Por ejemplo, a la familia Martínez, la policía los detuvo por varias horas -en un país extranjero- por estar de buen humor ante los chistes de uno de sus hijos. La psicología positiva menciona que un 50% de nuestra actitud ante la vida viene por la "lotería genética"; un 10% por la situaciones que vivimos y un 40% depende de cómo queremos vivir y significar cada momento. Podemos entrenarnos a vivir más en emociones positivas como la paz, la alegría, el amor, el agradecimiento, la compasión y estar satisfechos con la vida que tenemos.

Podemos entrenarnos a ser mas resilientes, es decir, a tener esa capacidad de podernos levantar cada vez que nos caemos, ante la pérdida de un ser querido, la frustración por no alcanzar nuestros sueños, la pérdida de un trabajo.

En la psicología positiva se profundiza en la resiliencia, esta capacidad humana para sobreponerse a períodos de dolor emocional, pérdidas, traumas y estrés. Tú tienes la capacidad de caer y levantarte, sólo necesitas entrenarte. La resiliencia es una propiedad física que tienen los metales, el bambú y las alfombras de regresar a su estado original. Cuando pisas una alfombra puedes observar que al quitar el pie, la alfombra recupera su forma original.

Es la capacidad que tienen los cuerpos de resistir al impacto al que fueron sometidos y en los seres humanos se refiere a la capacidad de enfrentar adversidades y salir fortalecido con aprendizajes nuevos.[32] Hay muchos ejemplos: como Viktor Frankl o Edith Stein[33] quienes resurgieron después de vivir el campo de concentración; Rigoberta Men-chú,[34] el protagonista de la película "En busca de la felicidad"[35]; personajes bíblicos como la Virgen María: cuando huye con su esposo José a Egipto para que Herodes no matara a su bebé; cuando su hijo Jesús se perdió en el templo tres días, cuando padeció al pie de la cruz de Cristo.

Ejercicio

Ejercicio: Te pido que puedas recordar en tu historia personal; ¿qué personas admiras por su capacidad de caer y levantarse?

_____

Tú también eres una persona resiliente, haz una lista de las situaciones adversas que has vivido y te has recuperado:

1 _____

2 _____

3 _____

---

33   Elisa Azcárate Beltrán, Teóloga y Psicoterapeuta, México, D.F., abril 2014.
34   Edith Stein: (1891-Auschwitz, 1942) Filósofa y religiosa alemana de origen judío que padeció el campo de concentración, después se convirtió al catolicismo, adoptando el nombre de Teresa Benedicta de la Cruz.
35   Mujer con un propósito de vida, su incansable labor de denuncia sobre el genocidio en Guatemala, su lucha en foros internacionales a favor de los derechos de los pueblos indígenas del mundo, la hicieron acreedora del premio Nóbel de la Paz en 1992.
36   Película "En Busca de la Felicidad", dirigida por Gabriele Maccino y protagonizada por Will Smith y su hijo Jaden Smith. E.U. 2006, basada en la historia real de Chris Gardner.

A pesar de ello, tú puedes elegir ser feliz. ¿Cómo? Tal vez puede ayudar el proverbio japonés: "Si te caes siete veces, levántate ocho". Con tu capacidad de resiliencia.

Vive con resilencia. ¿Qué acciones puedes hacer para ser más como TiKái Úpale?

5.2 Felicidad y verbos

Fluye en los verbos de la vida, los propuestos en este libro, los verbos que son acciones y llenan de significado tu existencia. Tú eres presente y eres proyecto, la promesa de un futuro que está por llegar. Cada vez que emprendes una acción por pequeña que sea actualizas tus potenciales en el aquí y el ahora. ¿Qué verbos quieres vivir el día de hoy? Rabindranath Tagore te invita a reír, a llorar y amar.[37]

La felicidad consiste en
reír todas tus risas,
llorar todas tus lágrimas
y amar todos tus amores.

Vive los verbos que le dan sentido a tu persona, para que puedas asumir tu propia existencia. ¿Qué verbo necesitas integrar en tu vida? A veces vivimos una vida sin perdonar, sin amar, sin compartir, más en el aparentar, y de todo el colorido de acciones posibles nuestra existencia se puede volver bicolor, voy a trabajar y llego a casa a dormir.
Un automóvil se puede "desclochar", es decir, el clutch deja de funcionar por lo que no se pueden hacer correctamente los cambios de velocidades en el vehículo, se queda trabado en primera.

Con tu auto emocional puede pasar lo mismo; te puedes quedar atorado en un estado emocional. Vives un día a día enojado, decepcionado, resignado. Tus verbos de vida se convierten en hábitos que te acompañan, acciones cotidianas que haces o dejas de hacer. Puedes tener el hábito de agradecer estar vivo cada mañana o ir insultando a cada conductor que se atraviesa en tu camino.

---

[37] Rabindranath Tagore (1861 - 1941), Premio Nobel de Literatura 1913.

Para la Psicología Positiva la felicidad se deriva de identificar y desarrollar las fortalezas más importantes de la persona y su uso cotidiano en los diferentes campos de la vida: trabajo, familia, pareja, ocio, altruismo, la educación de los hijos.[38]

Martin Seligman[39] habla de veinticuatro fortalezas de la persona. Puedes aplicarte un test en línea para evaluar cuáles son tus mayores fortalezas: **http://www.psicologia-positiva.com/VIA.html**

Del nivel 0 al nivel 5 ¿Cómo te percibes a ti mism@ en el desarrollo de las 24 fortalezas?
(Donde el nivel 0 equivale a "no tengo desarrollada dicha fortaleza" o presento conductas contrarias y el nivel 5 equivale al desarrollo óptimo.

¿Cuáles son tus 5 fortalezas claves que te distinguen?

✦ _____

✦ _____

✦ _____

✦ _____

✦ _____

Una persona feliz no es una lámpara que se esconde en un cajón, es una luz que ilumina su propio camino y el de otros. Por ello es importante que trabajes en tus emociones positivas, desarrolles tus fortalezas y te enfoques en tus virtudes más que en los agujeros.

Enfocarte en lo que te hace feliz incrementa tu gozo; percibirte como un agujero puede generar un bajón en tu estado de ánimo; la idea es trabajar tu sombra sin que te atropelle.

Recuerdo un comercial oriental de un detergente donde un niñito de ojos rasgados tallaba con su saliva una pequeña mancha -del tamaño de un frijol- en su camiseta blanca; al paso de unos minutos, de tanto tallar, la mancha se agrandó al tamaño de una toronja. El niño dio un grito "Mamaaaá".

Al vivir en la zona de la felicidad se segregan endorfinas que ayudan al estado de bienestar.

Las personas felices son[40]:

· Más sanas.

· Más longevas.

· Tienen mejores relaciones familiares, sociales y con su pareja.

· Llevan una relación mejor consigo mismos.

· Tienen más tolerancia al dolor.

---

[38]   Seligman, Martin E. P. "La auténtica Felicidad", Ediciones B, S.A., España, 2011.
[39]   Seligman, Martin E. P. "La auténtica Felicidad", Op. Cit.
[40]   Fischman, David. La Alta rentabilidad de la Felicidad. Editorial Aguilar, México, 2011.

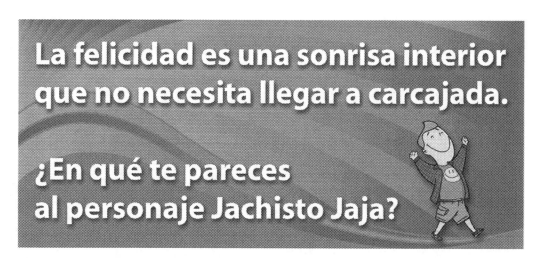

La felicidad es una sonrisa interior que no necesita llegar a carcajada.

¿En qué te pareces al personaje Jachisto Jaja?

5.3 Infelicidad, una adicción

Existe la adicción a ciertos estados emocionales, como la adicción a la infelicidad[41], cuando de un modo inconsciente nosotros mismos saboteamos nuestros sueños. Existe la adicción al neuropéptido asociado a dicho estado anímico. La infelicidad proporciona una ganancia secundaria: la víctima, logra a través de la "infelicidad" objetivos velados. "Adicción a la infelicidad: Conscientemente buscar solo la felicidad, pero inconscientemente, necesita cierto grado de incomodidad para mantener el equilibrio interior".[42]

Podemos tomar conciencia de cuál es el rol que asumimos en una situación de adicción a la infelicidad, de este estilo de co-dependencia en donde una persona es la víctima, otro es el victimario y alguien más asume el rol de salvador. En el libro 5 de esta serie **BioSensusMind Possibílitas**®: Misión Personal, revisaremos con más detalle cómo romper con algunas co-dependencias.

Ejercicio: La felicidad se relaciona con la frecuencia en que vives en emociones llamadas "positivas" y con un nivel elevado de satisfacción de vida.[43] Te invitamos a realizar el siguiente ejercicio: Si tus amigos y compañeros de trabajo te describieran como una emoción:

¿Qué estado emocional serías?_____

¿Qué actitud asumes en cada momento?_____

¿Qué factores limitan tus posibilidades para ser feliz?_____
_____

¿Qué herramientas pueden contribuir a construir tu felicidad?_____
_____

41   Martha Heineman Pieper; William J. Pieper. Adictos a la Infelicidad: libérese de los hábitos de conducta que le impiden disfrutar de la vida que usted desea. Editorial EDAF. 2003.
42   Martha Heineman Pieper; William J. Pieper. Adictos a la Infelicidad. Op. Cit.
43   David Fischman, La Alta rentabilidad de la Felicidad. Op. Cit.

¿Existe alguna fórmula para la felicidad? John Powell[44]comparte que un error es pensar que nuestra felicidad depende de las cosas externas, incluso de otras personas, cuando la felicidad (F) es una tarea interior (Ti).

A veces brincamos ansiosos de una persona a otra, de un objeto a otro, sin disfrutar, sin escuchar lo que realmente queremos, sin permitirnos reposar nuestro ser interior en Dios.[45]

5.4 Ser, hacer y tener

Michel Domit[46] en su libro **"Ser, Hacer y Tener"** nos hace reflexionar sobre la presencia de estas palabras en nuestra vida[47], y además sobre la importancia del orden de las tres palabras, en este caso el orden sí altera el resultado.

Ser, Hacer y Tener integran un sistema vivo que eres tú. Lo que se puede, lo que se quiere, lo que realmente se necesita en cada uno de estos ámbitos varía de persona a persona. Y también varía en la misma persona en los diferentes momentos y circunstancias. Estamos en constante movimiento y cambio.

¿Quién soy? ¿Quién quiero ser?
¿Qué hago? ¿Qué quiero hacer?
¿Qué tengo? ¿Qué quiero tener?

En un seminario con la Coach Patricia Hashuel nos hizo reflexionar sobre la felicidad y la plenitud.[48] ¿Con qué asocias tu felicidad, con el tener, hacer o ser?

---

[44]   Powell, John., La Felicidad es una tarea interior. Editorial Sal Terrae, 1997. Páginas 184.

[45]   Psicoterapeuta Patricia Edelen, México, D.F. Agosto de 2014.

[46]   Domit, Michel, Ser, hacer y tener: ¡Atrévete a cambiar tu vida hoy! Editorial Diana, 1991.

[47]   http://www.serhacertener.com

[48]   www.patriciahashuel.com.ar Newsletter No. 373 de Coaching Tips, Enero de 2009.

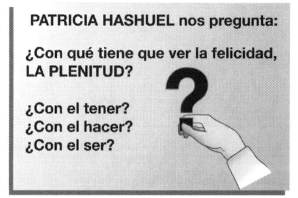

PATRICIA HASHUEL nos pregunta:

¿Con qué tiene que ver la felicidad, **LA PLENITUD?**

¿Con el tener?
¿Con el hacer?
¿Con el ser?

Ej. Tener

" Cuando TENGA una casa más grande voy a ser feliz"

Ej. Hacer

" Cuando HAGA ejercicio y baje eso kilos de más voy a ser feliz"

Ej. Ser

" Cuando SEA una persona con paz interior y mi ser esté relajado, voy a ser feliz"

Ejercicio

El siguiente ejercicio te permite observar con qué asocias tu felicidad en los campos del tener, hacer y ser:

Cuando TENGA… voy a ser feliz.	Cuando HAGA… voy a ser feliz.	Cuando SEA… voy a ser feliz.

5.4.1 Aparentar

Cuando la distancia entre quién soy, qué hago y qué tengo es muy grande en comparación con quién quiero ser, hacer y tener, surge el sufrimiento que es un estado mental y emocional.

Y esa distancia puede ser mayor cuando la voluntad humana se aleja de la voluntad divina. Una salida fácil puede ser caer en la apariencia.

APARENTAR SER,
APARENTAR HACER Y
EN EL **APARENTAR TENER**.

Aparentar implica un gran derroche de energía para sostener el ego y ocultar que somos humanos, vulnerables con aciertos y errores.

En el aparentar ser:

Justino fue recomendado por su tío para trabajar como Gerente de Sistemas en una empresa con 500 empleados.
El departamento de Recursos Humanos de dicha empresa le pide tres años de experiencia en un puesto similar, además de contar con la carrera Universitaria de Licenciado en Sistemas.

En realidad, Justino solo cuenta con seis meses de experiencia y dejó la carrera trunca. Pero para Justino el Ser y el aparentar ser es lo mismo, en su currículum pone que cuenta con tres años de experiencia y un amigo le ayudó a falsificar su título profesional como Licenciado en Sistemas.

Este es un ejemplo de **Focussingo Black** que consigue sus objetivos a cualquier costo.

En el aparentar hacer:

Sofía es una mujer de 45 años de edad, el doctor le pidió
-con el propósito de bajar su propensión a la osteoporosis-
que dejara el cigarro, el café, los refrescos de cola y que
hiciera ejercicio diario. Sofía se pone su ropa deportiva
todos los días, acude al gimnasio del Club una hora y se da
un refrescante baño. Al verla salir diariamente para "hacer
deporte", su esposo se siente orgulloso de ella.

El pequeño problema consiste en que Sofía no hace
ejercicio mientras está en el gimnasio, dedica su tiempo
a platicar con sus amigas mientras ellas sí ejercitan sus
cuerpos.

En el aparentar tener:

José es un joven de 25 años que presta sus servicios como
chofer en una compañía privada. Los fines de semana
pasa por sus amigas y su novia en el coche de la compañía
fingiendo que es suyo. A José le gusta invitar la cena, por
lo que pide a su abuelita dinero prestado, mismo que
nunca devuelve.

José tiene el peculiar hobby de sacar series de lotería
tiradas a la basura y estando en el restaurante, extenderlas
como un acordeón frente a sus invitadas para gritar
enojado que tiene mala suerte y que nunca le atina al
premio mayor.

5.4.2 Personajes

Los Focussingos al ser muy enfocados, consiguen sus metas en alguno de los tres círculos: en el tener, en el hacer o en el ser; pero, al no escuchar las sensaciones de sus cuerpos ni sus brújulas, se enfocan en metas que no los satisfacen.

Los Disperzappin pueden tener buenas intenciones y generar muchas acciones sin resultado, ya que les falta foco y persistir en una misma dirección.

Jojojijo Chin Chin es el experto en aparentar y puede caer en sus propias mentiras y no tomar conciencia de su aparentar ser, hacer o tener. El autoengaño le resta felicidad.

Possibilly aprende a fluir, sabe ganar y perder, no se obsesiona con sus metas; escucha sus necesidades físicas, mentales, espirituales, emocionales, sociales; sabe que vivir una vida con balance es un ideal, una estrella que guía sus acciones para generar un equilibrio en el ser, hacer y tener en cada área de su vida.

Possibilly incrementa su conciencia sobre lo que quiere, lo que realmente necesita, abre sus posibilidades, encuentra los caminos para que lo que parece imposible se convierta en algo posible.

Y Mirotálcuatl es un líder de aceptación y de cambio, pues ha aprendido a integrar su voluntad humana con la voluntad divina, sabe cambiar lo que hay que cambiar y aceptar lo que no se puede cambiar. En cualquier nivel de nuestra existencia seguimos cometiendo errores, la diferencia radica en que algunas personas invierten mucha energía en negarlos.

La congruencia y servicio de Mirotálcuatl a los demás generan un gran carisma.
Su enfoque integrador implica también el manejo de la inteligencia emocional.

Como dice Daniel Goleman, para ser líder hay que aprender primero a ser líder de las propias emociones.[48]
Las circunstancias que viven las personas con capacidades diferentes tienen un efecto en su Ser, Hacer y Tener. Su situación los priva de hacer y de tener muchas cosas; sin embargo, esta aparente limitación se convierte en un impulso para expandir su Ser y desarrollar otras virtudes.[49]

---

49   Daniel Goleman, conferencia Ciudad de México, WTC, Mayo 2012.
50   Nesti, Carlo. "Mi psicólogo es Jesús", Obra Nacional de la Buena Prensa, A.C. México, 2010.

Piensa en Helen Keller (sorda, ciega y muda), en Nick Vujicic, un hombre sin brazos y sin piernas quien da conferencias por todo el mundo y es un ejemplo de vida; recuerda a Christopher Reeve (Superman), tetrapléjico a causa de una caída de un caballo. Cuando el espíritu se expande, la mente y el cuerpo actúan a tu favor y la felicidad es una consecuencia.[51]

Ejercicio

Haz una respiración profunda y usa tu imaginación para visualizarte cuadrapléjico, con una lesión medular cuya consecuencia es la parálisis que afecta tus cuatro extremidades.

Vive una hora de tu vida como una persona cuadrapléjica: No puedes mover los brazos ni las piernas. Date cuenta las actividades que no puedes hacer, y cuántas cosas no puedes tener y dejar de disfrutar: suena el teléfono y tus amigos te invitan a bailar o te llaman de un nuevo trabajo.
Tu pareja quiere que viajen el fin de semana a ese lugar que no conoces para hacer el amor.

¿Qué sientes?
_____
_____

¿Qué piensas?
_____
_____

¿Qué harías?
_____
_____

Recordemos el video de la historia de un padre que a los sesenta años compite en el Ironman de Australia con su hijo que tiene parálisis cerebral. Ese triatlón consiste en nadar en el mar 4 kilómetros, andar en bicicleta cerca de 180 kilómetros y correr un maratón de 42 kilómetros.
Lo impactante del video es notar el amor de este padre por su hijo y el rostro de felicidad del hijo cuando se acercan a la meta.[52]

---

[51] Viktor E. Frankl, llama a esta fuerza "el poder desafiante del espíritu." Diplomado de Logoterapia" Instituto Especializado en logoterapia, S.C., México, D.F
[52] http://www.taringa.net/posts/videos/877522/Triatlon_-un-padre-y-su-hijo-paraplejico_-.html

5.5 Libertad y fuerza de voluntad

En la Logoterapia, la voluntad de sentido son las ganas de hacer las cosas. Son los motivos que te mueven a la acción. No basta con elegir algo en libertad, se requiere una fuerza de voluntad para vivirlo.

Yo decido, elijo y lo hago vida. En las calles de la ciudad podemos observar pequeñas flores que brotan en el pavimento a pesar de las condiciones adversas. Imagina esa voluntad de sentido en ti. Algunas personas tienen el pensamiento, la emoción a favor pero les falta la voluntad para traducir el deseo en acciones concretas. Pienso en hacerlo, me entusiasmo pero no doy el paso.

Ejercicio

Para entender mejor el concepto de la voluntad de sentido, visualiza qué acciones expanden tu Ser y generan plenitud en tu vida. Pueden ser actividades cotidianas que has olvidado hacer, como leer un buen libro, ver un atardecer en familia, disfrutar el olor a tierra mojada después de la lluvia.

La libertad tiene una relación directa con la fuerza de voluntad.

Como lo propone Carlo Nesti, podemos imaginar a la voluntad y el destino como un arco y una flecha.[53]

Nosotros elegimos la ruta inicial de la flecha al apuntar hacia el cielo, damos a la flecha una dirección y la fuerza de nuestra acción.

En la caída de la flecha intervienen factores ajenos a nosotros, como el viento.

Cuando estás en profundo contacto con tu interior, brota la intuición en Dios qué te muestra los momentos en que puedes aplicar la fuerza de voluntad y en qué momentos necesitas abrirte a la aceptación de aquello que se escapa de tus manos.

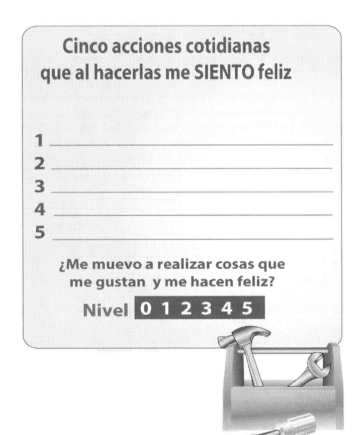

Cinco acciones cotidianas que al hacerlas me SIENTO feliz

1 _____
2 _____
3 _____
4 _____
5 _____

¿Me muevo a realizar cosas que me gustan y me hacen feliz?

Nivel 0 1 2 3 4 5

---

[53]   Nesti, Carlo. "Mi psicólogo es Jesús" Formación Cristiana, Obra Nacional de la Buena Prensa. México 2010.

Escuchando a Carlo Nesti podemos representar la libertad humana con una fórmula:

L = Libertad
Q = ¿Qué tanto lo quieres en una escala del 0 al 10?
V = Voluntad
D = Destino

$$L = \frac{Q}{V + D + V}$$

$$L = \frac{7}{(+1) + (-1) + (+1)}$$

$$L = \frac{7}{1}$$

$$L = 7$$

La libertad es la respuesta que se elije ante cada circunstancia (Voluntad-Destino-Voluntad). Y recordemos que la voluntad humana puede actuar a nuestro favor o en nuestra contra.

La voluntad humana actúa a favor de la persona cuando la intención se alinea a la intención de Dios. Ocurre como en el programa de co-dependencia de Alcohólicos Anónimos, la voluntad humana que es pequeñita se fortalece con la voluntad de Dios. Y el "sólo por hoy" es la meta que se repite día tras día.

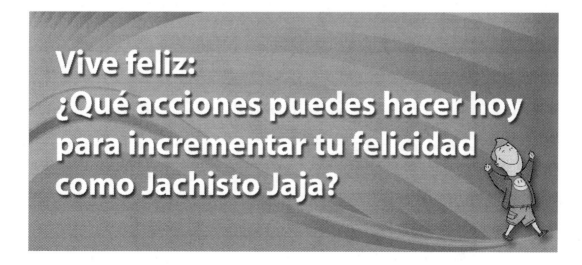

Vive feliz:
¿Qué acciones puedes hacer hoy para incrementar tu felicidad como Jachisto Jaja?

6. Vive el Perdón

Arturo es un exitoso hombre de negocios de 57 años de edad. Cuenta con tres carreras profesionales, dos maestrías, dos doctorados, practica deporte con regularidad, cuida su alimentación; hace dos años se quedó sin trabajo y no ha logrado colocarse en el mercado laboral. Por su impresionante currículum, varios headhunters le han ofrecido oportunidades como Director de algunas empresas y Arturo las ha rechazado, pues no está dispuesto a aceptar un trabajo donde le paguen menos de lo que ganó en su último empleo. De forma paralela, Arturo no tiene pareja, no le interesa convivir con una mujer que no cumpla con los altos estándares de belleza física y de inteligencia "que él se merece."

¿Qué le ocurre a este hombre? A primera vista parece que Arturo tiene un problema de flexibilidad mental y adaptación a los cambios, pues al atravesar el país donde vive por una crisis económica no está considerando que los tabuladores salariales se han afectado; en el aspecto de pareja, busca que las mujeres de 38 a 50 años que le han presentado tengan el cuerpo de mujeres de veinte. Busca mujeres "vírgenes" con experiencia sexual.

En el fondo, Arturo presenta un problema espiritual. En una dinámica de grupo sobre el perdón, se les pidió a los asistentes que trajeran a la siguiente sesión una papa (tubérculo) por cada persona a la que no hubieran perdonado. Raquel llegó con cinco papas, Mauricio con siete papas, Susana con dos. Nuestro Arturo se presentó con un costal con 19 papas. Para sorpresa del grupo, Arturo anotó con plumón en cada papa el nombre de cada persona a la que odiaba y por la que guardaba un profundo rencor al borde de la venganza. Eran seres humanos con nombre y apellido.

¿Cuánto tiempo llevaba Arturo cargando ese costal de papas?

Después de múltiples análisis, los médicos no encontraban el origen de las dolencias en el cuerpo de Arturo y sus problemas de insomnio. Sus malestares eran un síntoma y no una causa; aquí radica la necesidad de ver al ser humano como a un Sistema **BioSensusMind Possibílitas**®.

Si Arturo se moviera a perdonar en su corazón a esas personas, aprendería algo de aquellas experiencias dolorosas; buscaría la raíz sistémica, se daría cuenta de que él es el factor común en el problema con cada una de esas personas, que con ciertas conductas hostiles provocó una reacción en todas ellas, y perdieron la confianza en él y prefirieron alejarse. Sin embargo, Arturo quería seguir ejerciendo su control sobre los demás al no otorgarles el perdón, sin percatarse de que el primer beneficiado al perdonar sería el mismo.

Del mismo modo que este empresario se disocia[54] de su cuerpo y lo pone a practicar un deporte mientras él se enfoca en revisar sus pendientes de trabajo, al no dar importancia a su parte espiritual se disocia de la misma y la encapsula, como quien entierra una moneda de oro, en lugar de que produzca ganancia en el banco o al invertirla en un negocio. Cada cual cosecha lo que ha sembrado y si ha elegido bien la semilla y el terreno.

El cambio está en ti, cuando tú cambias, cambia tu mundo.

---

[54] Disociarse es una herramienta de la PNL (Programación Neuro-lingüística) para distanciarme de un evento y no vivirlo con mis cinco sentidos. Se utiliza para alejarnos de algunas experiencias traumáticas y displacenteras. En el caso de Arturo, pierde contacto con el placer de practicar un deporte, sensibilidad, capacidad de disfrutar, pierde la posibilidad de estar en el aquí y el ahora.

Ejercicio

Con el siguiente ejercicio vas a darte cuenta de qué tanto ejercitas el músculo espiritual del perdón.

a. ¿Qué nombres están ligados a las papas que cargas en tu costal?

_____

¿Qué consecuencias concretas tiene mantener esos rencores para tu salud mental?

_____

¿Cómo afecta tu salud emocional?

_____

¿Qué consecuencias tiene a nivel espiritual?

_____

¿Cómo impacta tu salud física el seguir cargando rencores?

_____

b. Reflexiona sobre el perdón: ¿Qué significa para ti el perdón?

_____

¿Qué aprendiste en tu infancia sobre el perdón?

_____

¿Cuántas maneras de expresar el perdón has vivido?

_____

¿Del 0 al 5, en qué nivel está tu capacidad de perdonar?

_____

(Recuerda que puedes contestar las preguntas con el apoyo del Anexo de este libro:
Si quieres respuestas hazte preguntas.)

Perdoneus
es un personaje que se atreve a perdonar,
vive la triple acción del perdón:
perdona a otros, se perdona a sí mismo,
deja de culpar a Dios y lo perdona.

Te recomendamos ver la película "Dios no esta muerto" (God´s not dead), Dir. Harold Cronk, 2014.

c. Vivir el triple perdón contribuye con tu salud integral:

_____

¿Qué necesitas perdonarte?

_____

¿Qué necesitas perdonarle a Dios?

_____

¿A quiénes necesitas perdonar?

_____

¿Cuál de los tres perdones te cuesta más trabajo?

_____

Después de contestar esta preguntas, ¿con quién compartirías tus respuestas?

_____

¿Con quienes tienes una conversación pendiente para ejercitarte en el perdón?

_____

Vivir la Molécula Triacciónica del Perdón

Elegir la molécula para perdonar

7. Vive el amor

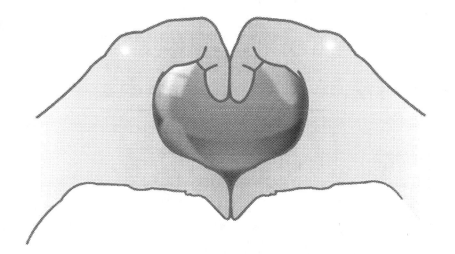

El decir "Te Amo" vas más allá de una simple reacción química en el cerebro, no se reduce a una identificación con el otro a nivel de "neuronas espejo".

Amar tiene una parte *BIO*, otra parte *MIND* y en especial tiene una dosis espiritual *SENSUS*.

Según lo plantea Myriam Muñoz Polit, las sensaciones y emociones están relacionadas con nuestra supervivencia biológica, sin embargo, los sentimientos son más complejos, pues contienen símbolos y significado. Los sentimientos nos impulsan a un desarrollo integral, pues nos comunican nuestras necesidades psicológicas y trascendentes.[55] El amor, la compasión, la solidaridad, son sentimientos de la persona y pertenecen a su dimensión espiritual.

Un viernes, en la secundaria, Karla conoció a Daniel. Durante el recreo, un balón de fútbol se detuvo bajo sus pies y mientras lo recogía se acercó un muchacho pecoso que le sonrió. En ese momento Karla sintió que su corazón se aceleraba (sensación en su cuerpo), le gustó la mirada y la sonrisa de aquel compañero. Ese día de regreso a su casa, ¿en qué crees que estaba pensando Karla? En la mirada de Daniel. Al hacer la tarea pensaba en la sonrisa de Daniel, al lavarse los dientes antes de dormir pensaba en Daniel, todo el fin de semana se imaginaba tomada de la mano de Daniel y fantaseaba con que él le pedía que fuera su novia y la invitaba a ver la película de moda.

El cerebro emocional de Karla no sabe diferenciar entre la mirada inicial de Daniel, la mirada de Daniel recordada y las situaciones imaginadas, por lo que, en su cerebro, ella vivió un fin de semana romántico. El lunes en la escuela, durante el primer descanso, Karla se topa de frente con Daniel y ella lo saluda con un beso en la mejilla, Daniel se sonroja y queda sorprendido por el beso de Karla. La mente de Karla había generado un estado de enamoramiento. La realidad es que en ese momento de su vida, Daniel sólo tenía en mente jugar fútbol con los amigos y no dio importancia al incidente.

Pasó el tiempo, en la universidad Karla y Daniel se reencontraron, fueron novios, se casaron, tuvieron dos hijos y después de años de convivir, pelearse intensamente y perdonarse, comenzaron a vivir un amor profundo e integral cuerpo-espíritu-mente (**Bio Sensus Mind**). Se aceptaron como son, fuera del estado de idealización que provoca el enamoramiento.

---

[55]   Myriam Muñoz Polit. "Emociones, sentimientos y necesidades. Una aproximación humanista". México, 2010.

Karla trabaja ahora en un hospital de niños con cáncer y experimenta un sentimiento de amor trascendental, un amor biopsicoespiritual y social, una compasión infinita por esos niños. Su vida cobra sentido al trabajar con una Misión Personal bien enfocada.

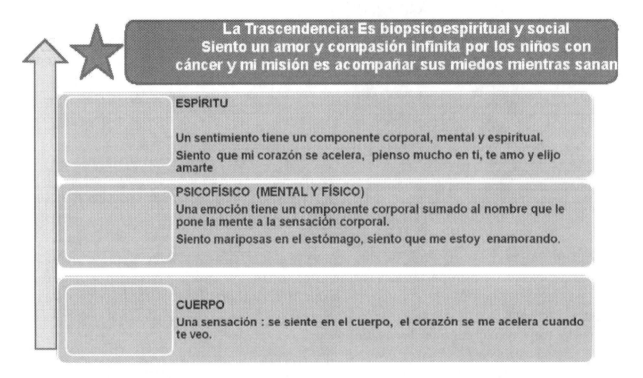

La Trascendencia: Es biopsicoespiritual y social
Siento un amor y compasión infinita por los niños con cáncer y mi misión es acompañar sus miedos mientras sanan

ESPÍRITU

Un sentimiento tiene un componente corporal, mental y espiritual.
Siento que mi corazón se acelera, pienso mucho en ti, te amo y elijo amarte

PSICOFÍSICO (MENTAL Y FÍSICO)
Una emoción tiene un componente corporal sumado al nombre que le pone la mente a la sensación corporal.
Siento mariposas en el estómago, siento que me estoy enamorando.

CUERPO
Una sensación : se siente en el cuerpo, el corazón se me acelera cuando te veo.

Como lo plantea Erich Fromm, amar es un arte.[56]La capacidad de amar es similar a la capacidad de un músculo del cuerpo. Si no se usa, se atrofia y se adelgaza. Como el brazo de una persona que ha estado con yeso tras meses de recuperación después de un accidente: cuando el yeso se quita, el brazo queda más delgado.

Si contáramos con una tecnología para poder observar el músculo del amor, podríamos distinguir entre aquellas personas que lo ejercitan y aquellas que lo han dejado en el abandono. Amar es una capacidad que requiere disciplina, es una destreza a desarrollar, un arte a cultivar, es un verbo que hay que conjugar en tiempo presente, en cada momento con las personas que nos rodean. Amar es una desición.

Para amar es necesario abrirse y experimentar el misterio del otro y decir "yo decido amarte".

---

[56]   Fromm, Erich. El arte de amar "The Art of Loving" 1956 y traducido al español en 1959 por Paidos.

**Amar es una virtud
que tiene que traducirse en una competencia
a desarrollar con acciones cotidianas.
En especial, se torna complejo amar al PRÓXIMO.
al que está a tu lado y con quien a veces
hay valores encontrados y pequeñas fricciones:
A tu pareja
A tus vecinos
A tus compañeros de trabajo**

Te invito a transformar el amar en una competencia para tu vida, en donde incluyas el saber (conocimiento), el saber hacer (desarrollo de tu habilidad para amar), el querer hacerlo (la motivación), la autoconfianza y la fuerza de voluntad para moverte a las acciones específicas para amar a los que te rodean.

Transformar el "AMAR" en una competencia.

1. CONOCIMIENTO : SABER
2. HABILIDAD: SABER HACER
3. MOTIVACIÓN: QUERER HACER
4. AUTOCONFIANZA: CONFIAR EN LO QUE PUEDES HACER
5. VOLUNTAD: LA DISCIPLINA PARA LOGRARLO. (PAGAR EL PRECIO)

Después de unos días, verifica qué cambios observas en tu forma de amar.

Ejercicio

Amar es un verbo cotidiano al que puedes dejar de prestarle atención. Si tu interés es llevar a su máxima expresión tu forma de amar, te invito a reflexionar con las siguientes preguntas:

¿Qué conocimientos necesitas para aprender a amar? _____

¿Cuál es la diferencia entre enamoramiento, querer a alguien y amar a alguien? _____

¿Qué habilidades tienes que desarrollar para amar?_____

¿A quién te es más fácil amar? _____

¿A quién se te dificulta amar?_____

Del 0 al 10 ¿En qué nivel está tu confianza para poder amar a _____?

Amar implica decir un sí de compromiso y al elegir amar renuncias y das un no a algo o a alguien. ¿Cuál es el precio a pagar por amar a _____?

Ejercicio
Te invito a diseñar tu molécula de amor con triple acción

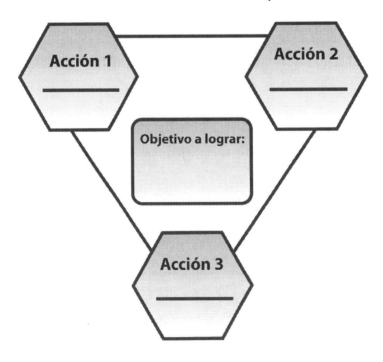

Vivir la Molécula Triacciónica del AMAR

El triple encuentro de amor: me amo, amo a Dios y amo a ese tú que es mi prójimo.

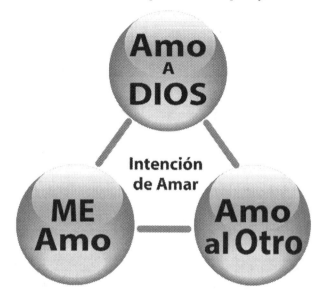

7.1 Vive tu sexualidad en plenitud.

Hablar de la sexualidad es tan controvertido como hablar de Dios, pues en ambos casos está de por medio nuestra libertad de elegir, los prejuicios, tus experiencias de vida, el impacto de la opinión de los demás, tu desarrollo afectivo, una mezcla de instinto biológico con afecto y sentimientos más elaborados como el amor.

Hay que diferenciar la genitalidad, la sexualidad humana y la plenitud sexual en el amor (que es estar en común unión). **La genitalidad** se refiere al aspecto corporal de la sexualidad. Es la estructura genital del ser humano, como hombre y como mujer, está conformada por los órganos reproductores masculinos y femeninos. Genitalidad entendida como capacidad de respuesta al estímulo de sus órganos.

La sexualidad humana se refiere a que tenemos una tendencia sexual que se manifiesta en cada una de nuestras acciones, nuestra forma de caminar, de mirar, nuestros gestos y movimientos corporales, no solo en las que tienen que ver con nuestros genitales pues tenemos una tendencia sexual que forma parte de nuestra identidad. Prueba de ello es que nombramos todo lo que nos rodea de forma sexuada: La puerta, el sol, la madre tierra, el águila, hasta a Dios lo percibimos masculino o femenino.[57]

---

[57]   Azcárate, Elisa, psicoterapeuta, teóloga y mujer mística que ha investigado el tema de darle un género masculino o femenino a Dios, cuando Dios es un todo, es un Dios Padre y madre. Conversación con Ricardo J. De la Vega Domínguez, enero 2014.

La plenitud sexual en el amor, se refiere a que cada persona elige si quiere llevar o no una vida sexual activa y en qué nivel quiere vivirla, al involucrar todas sus dimensiones como persona y ser capaz de vivir en compromiso con alguien más.

Nivel 1. Un contacto genital: es el nivel de las sensaciones, se limita a una estimulación de los órganos sexuales, es una estimulación física, se limita a una satisfacción fisiológica, como la persona que tiene la nariz constipada y se suena la nariz con un pañuelo; simultaneamente su mente puede estar en otra parte, en un libro, viendo un programa de televisión, o ausente pensando en otra persona.

Un chavo de secundaria pregunta a sus compañeros -sin quitar su mirada del trasero de una alumna- ¿Quién es ella? No sabemos, la llaman "Nalgarita". En el nivel de la genitalidad nos relacionamos con una parte, no con el todo de la persona; eso ocurre en las películas llamadas "porno", que se enfocan en las partes perdiendo de vista el ser integral de las personas, instinto puro.

Nivel 2. Una relación sexual: implica una relación entre dos personas donde participan sus cuerpos y sus mentes. Las personas tiene un nombre, quizás inventado por la mente. En los juegos sexuales y en el erotismo, la mente tiene una función activa, nos une algo más que el simple instinto. Puede darse una relación sexual sin amor, aunque están involucradas las emociones. Como en el caso del enamoramiento, una idealización del otro.

Nivel 3. Una relación sexual plena: implica una entrega en cuerpo, espíritu y mente, es decir, dos personas que se entregan a un gozo integral. Los cuerpos conversan con el lenguaje de caricias y el espíritu de cada persona está presente. Hay sentimientos profundos, la alegría se transforma en felicidad, paso de la idealización al amor real, de la caricia al diálogo corporal, emocional y espiritual.

Nivel 4. Una relación sexual plena y trascendente: hay una entrega en cuerpo, espíritu y mente y se involucra la misión personal. La pareja se puede comprometer ante Dios o se compromete de cara al AMOR, la pareja asume el compromiso de amarse, asume con responsabilidad que el fruto de su amor puede transformarse en vocación de padres. Al unirse los cuerpos, las mentes y las almas en el silencio microscópico se abre el misterio de la creación divina, un óvulo y un espermatozoide dialogan, se abrazan, una nueva vida surge con la chispa de Dios en su interior, un ser que hereda color de ojos, talentos y una vida por experienciar[58] y una misión por descubrir y cumplir.

Tan importante es el placer sexual, que Dios lo une a la creación de una nueva vida, somos co-creadores de vida con Él. En nuestra metáfora de los tres tipos de célula (células madre, neuronas y **GenYavén** ver pág. 18 de este libro), un óvulo y un espermatozoide son células madre pues son la semilla con todo el potencial genético; se comportan como neuronas pues actúan con inteligencia, un espermatozoide sabe el camino y es el óvulo el que elige al espermatozoide que entra; también son **GenYavén** pues en dichas células está la chispa divina de papá y mamá sumada a la voluntad creadora de Dios.

---

[58]   Hay una diferencia entre experimentar y experienciar. La vida no es un experimento, la vida es una experiencia que se vive y se saborea, tanto en el placer como en el dolor.

Obsérvate sin juzgar, el libre albedrío te lleva a la responsabilidad de elegir en qué nivel quieres vivir tus relaciones sexuales o si decides no llevar en este momento una vida sexual activa.

Ejercicio

Inteligencia Emocional también aplica a la vida sexual.
¿Conoces a alguien que se mete en problemas por su comportamiento sexual?
¿Conoces tu luz y tu sombra en el terreno de tu vida sexual?
El Padre Jesús Vizcarra comentó que el ayuno sexual, abstinencia, permite explorar los límites de nuestra luz y sombra.
¿Qué serías capaz de hacer por tener entre tus brazos a esa persona que tanto deseas?
_____
_____

Focussingo puede ser muy obsesivo en el terreno del amor para conseguir lo que se propone; Focussingo Black puede recurrir a la magia y hechizos para lograr sus caprichos y conseguir al hombre o a la mujer de su vida, aunque sea en contra de su voluntad y la de Dios.
Jojojijo Chin Chin, puede jactarse y aparentar que lleva una vida asexuada, fingir un matrimonio perfecto, simular que tiene bajo control su sexualidad y al no aceptar su SOMBRA, reprime sus sentidos que captan la sensualidad de la vida, sus deseos y pensamientos despiertan sus instintos sexuales y en un pico emocional de excitación puede verse envuelto en una doble moral (dice y hace cosas diferentes).
¿Qué pasaría en tu vida si vivieras un ayuno sexual prolongado?
_____
_____

¿Qué situaciones sexuales pueden poner en riesgo tu salud y comprometer tu futuro?
_____
_____

¿Quiénes son modelos a seguir, pues llevan como el personaje SEXA Pin una vida sexual plena?
_____
_____

¿Cómo está tu satisfacción y la de tu pareja en la dimensión sexual?
_____
_____

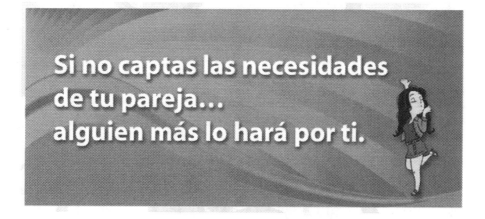
Si no captas las necesidades de tu pareja... alguien más lo hará por ti.

8. Vive los valores que eliges

Desde niñ@s somos como esponjas que absorben conceptos, ideas y valores sin cuestionarlos, se dice que los introyectamos[59], aprendemos imitando a nuestros padres, maestros e, incluso, a un actor de televisión. La psicoterapeuta Gestalt Ángeles Martín propone un símil para explicar los introyectos. La asimilación de nutrientes de nuestro cuerpo se parece mucho a la asimilación psicológica de conceptos, ideas y valores. ¿Cuántas veces nos tragamos la comida sin masticarla y termina por indigestarnos? Del mismo modo, hemos tragado durante nuestra infancia, kilos y kilos de conceptos, ideas, sobre el mundo, sobre la vida, sobre nosotros mismos, sin haberlos masticado y digerido. [60]

Vivimos como en una especie de indigestión mental y espiritual pues en nuestro interior luchan sin que nos demos cuenta valores contradictorios. Por ejemplo, el niño que aprende imitando a sus padres a dar en la iglesia la paz y, al salir, insultar a la señora que estorba con su coche.
¿A cuál de los dos valores va a obedecer? No se trata de obedecer a ciegas; vivir los valores consiste en descubrir los valores introyectados y en elegir los valores propios, así como a jerarquizarlos.

¿Cómo eliges tus valores? Con tus acciones y decisiones. Los valores son conceptos abstractos, adquieren sentido y significado cuando los conectamos con la vida. Por ejemplo, el valor familia, adquiere significado cuando piensas en los momentos de alegría o de tristeza vividos con tus padres, hermanos, abuelos y tíos. El valor familiar adquiere un significado por encima de otros valores, por ejemplo sobre el valor tener coche del año, cuando necesitas vender tu coche nuevo para pagar un tratamiento médico que salvará la vida de tu hija. Minuto a minuto, sin darnos cuenta, vivimos nuestros valores.

La vida es una invitación a la libertad y a la congruencia, tú decides con qué valores quieres ser congruente. Y cuando seas incongruente, observa tu incongruencia, acéptala y aprende de ella. La incongruencia encierra una congruencia con algo no manifiesto, te está comunicando a qué le das valor con tus acciones. El vivir con dobles intenciones genera conflicto interior; como la incongruencia de la "doble moral" que agota nuestras energías. La incongruencia es habitual en la vida, la encontramos, por ejemplo, en las farmacias que venden productos para salud y cigarros que provocan enfermedad.

¿En qué momento tus incongruencias son señales para llegar a un nuevo nivel de congruencia?

Un valor propio puede tener validez universal, pero ante todo, el valor tiene que ser tuyo.
Si piensas en un concepto abstracto como la amistad, defínelo con conductas observables:

¿Con quiénes se vuelve valiosa la amistad?_____
¿Cómo vivo la amistad con_____?
Si un valor para ti es la solidaridad, defínela con conductas observables: ¿A qué te refieres con solidaridad?
_____
¿Qué experiencias de vida te hacen valorar la solidaridad?

---

[59]   Un introyecto es una idea, creencia, no masticada y asimilada tal cual.
[60]   Martín González, Ángeles. MANUAL PRÁCTICO DE PSICOTERAPIA GESTALT. Especialidad de Desarrollo Humano en el IHPG, México, 2012.

¿Cuáles son las conductas que ves en una persona solidaria?

¿Cómo eres solidario?

Muchas empresas fracasan cuando se limitan a colgar en sus paredes los valores de la organización sin traducirlos en conductas concretas y aterrizarlos en acciones cotidianas que permitan vivirlos. Por ejemplo, un valor para el parque de diversiones Disneylandia es la alegría de la gente que los visita. ¿Cómo pueden comprobar que los visitantes viven el valor de la alegría?
Les toman una fotografía cuando entran y otra foto cuando salen y al comparar ambas fotos, se dan cuenta si cada persona ha vivido el valor de la alegría con una sonrisa.

El logoterapeuta Joseph Fabry[61] nos invita a reflexionar sobre nuestros valores. Una forma de tomar conciencia es poner a competir tus valores para aclarar e identificar cuáles tienen más peso en cada situación de vida.

Ejercicio Abre un espacio para identificar tus valores de vida, aquello a lo que le das valor.
a) Como primer paso es de mucha utilidad que elabores un listado con tus diez valores clave en la vida.

1_____

2_____

3_____

4_____

5_____

6_____

7_____

8_____

9_____

10_____

---

[61] Fabry, Joseph B. La Búsqueda del Significado: La Logoterapia Aplicada a la Vida. Fondo de Cultura Económica, 1998.

b) Pon a competir tus valores en binomios y observa qué pasa cuando tienes que decidir entre hacer ejercicio cada tarde, después del trabajo (valor salud) o llegar a casa a tu sillón favorito y ver televisión (valor diversión), por ejemplo.

Ejemplo: 1-2, 1-3, 1-4, 1-5, 1-6, 1-7, 1-8, 1-9

Esta toma de conciencia del peso que tienen nuestros valores en la vida, nos permite tomar mejores decisiones. Otro entrenamiento muy útil, es la propuesta de Vidal Schmill Herrera, quien propone que cuando tomemos una decisión lo hagamos pensando en un grupo de valores.[62]

Por ejemplo, si mis valores vitales son: familia, salud y naturaleza, decidir en qué Club deportivo te inscribes se torna fácil:

¿Cuál eliges considerando los tres valores?

Club 1: Un club centrado en los eventos sociales y con instalaciones deportivas descuidadas.
Club 2: Un club para ejecutivos con un campo de golf.
Club 3: Un club familiar, con actividades deportivas y amplios jardines.

Ejercicio

Si adaptamos la idea de Vidal Schmill al esquema que manejamos en este libro y en el Diplomado **BSM**[63], te propongo que armes moléculas con tres valores. Así te será más fácil decidir y vivir tus valores. Piensa en esa decisión que te trae de cabeza. Por ejemplo, cambiar de residencia a otra ciudad. Elige tus tres valores:

1. _____ (Ej. Mi Salud)

2. _____ (Ej. Mi Familia)

3. _____ (Ej. Mi Trabajo)

---

[62]   Schmill Herrera, Vidal. "Disciplina Inteligente" Editorial: Producciones Educación Aplicada. México, 2004. Pedagogo y especialista en la educación en valores.
[63]   BSM hace referencia al Sistema **BioSensusMind Possibílitas®**.

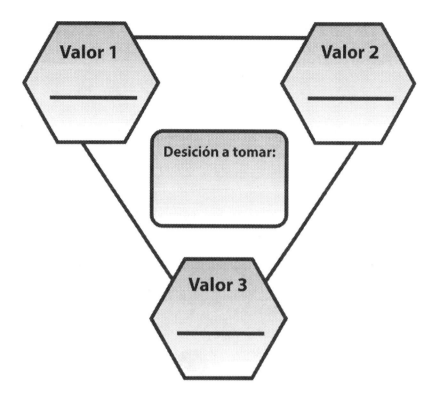

¿De qué te das cuenta al considerar tus tres valores clave antes de tomar dicha decisión?

_____

_____

También la Logoterapia cuenta con herramientas para que vivas con intensidad tus valores.

9. Vive el sabor del silencio y tu sabiduría interior

9.1 Sonidos agradables y desagradables

Uno de los sonidos más agradables es la risa de un niño, así como uno de los ruidos más incómodos es el llanto de un bebé. ¿En qué momento nuestra voz puede tocar vidas con el poder de la palabra y en qué circunstancias puede ser un ruido que aturde?

"Cuando hables, procura que tus palabras sean mejores que el silencio," dice un proverbio hindú.

9.2 La necesidad del silencio

9.2.1 Música y vida

Una melodía es la combinación de sonidos y silencios, dando como resultado una tonada cargada con ritmo y armonía. El beat de un tambor puede acelerarnos el ritmo cardiaco, y el sonido de un arpa puede generar una profunda relajación. En una orquesta sinfónica, cada instrumento sabe guardar silencio. ¿Qué pasaría si una pieza musical no tuviera silencios entre las notas?

9.2.2 Falta de silencio

Luis tiene la costumbre de hacer tres preguntas seguidas a sus colaboradores. Finalmente, contesta las preguntas él mismo, no abre espacios de silencio para que el compañero responda. A partir de ésto,
¿cómo te imaginas que son las relaciones personales de Luis?

9.2.3 Tipos de silencio

El silencio contiene algo en su interior. ¿Escuchas su música? Es la voz de Dios o de la vida que te quieren decir algo. Hay diferentes tipos de silencio, por ejemplo, el silencio de un amigo que acoge con empatía o el silencio que destroza como la ley del hielo, el silencio de una persona que decide de forma voluntaria retirar el habla.

¿Cuál es la diferencia entre silencio y mutismo?
El silencio es ausencia de ruidos externos e internos, el mutismo es negarme a hablar conmigo mismo y con el otro. Hay un silencio gozoso, donde disfruto del silencio; en el mutismo se da la "ley del hielo" donde uno de los involucrados utiliza el silencio como una arma para generar culpa en el otro.

Hay un silencio contemplativo, explicado por el Padre Rafael Checa.[64]¿En qué consiste dicha experiencia? Tenemos que hacer un laboratorio con esta práctica, pasar de la teoría más allá del experimento, a experienciar: primero hay que cerrar los ojos y tomar consciencia de las sensaciones del cuerpo, sentir el aire que entra por la nariz y sale por la nariz, captar los sonidos, imágenes que pasan por la mente, poco a poco cierro las puertas a los estímulos externos para que no me distraigan; llevo a la práctica la recomendación de Jesús: "Cuando entres en tu aposento, cierra la puerta y ora ahí a tu Padre que está en lo secreto".[65]

¿Cómo cerrar la puerta de mis sentidos para enfocarme en mi interior?
La mente inconsciente no reconoce la palabra **NO** y mientras más lucho por **NO** sentir, **NO** oler, **NO** escuchar, **NO** recordar... más siento, escucho y huelo.

Entonces, ¿cómo cerrar los sentidos, como no ver, no oír, no sentir?
La propuesta es fluir, dar acuse de recibo a lo que llega y dejar pasar, silencio, silencio, silencio.

Soltar la imaginación y fantasía, soltar el recuerdo, vaciar la memoria sensible, silencio de las emociones; si descubro un temor infundado, lo pongo de lado, bajo el volumen a las conversaciones conmigo mismo, canalizo todo a Dios, me lleno de Dios, para lograr el silencio del cuerpo, el de los sentidos, el silencio de la emotividad, el silencio de la imaginación y de los recuerdos, suelto los pendientes de la escuela o del trabajo, logro el silencio de mis deseos, paso de la ansiedad por el futuro a la paz de estar simplemente estando en el aquí y el ahora, fluyo al vacío de todo lo que no es Dios o la vida, para llegar a un espacio de conciencia interior libre de contaminación.

¿Cómo metes agua de la fuente si tu vaso está lleno?

Para conseguir el silencio interior contemplativo, el Dr. Luis Jorge González propone la Meditación Cristiana:
En un lugar tranquilo, posición cómoda, enfocarnos en nuestra respiración, si te llegan pensamientos dejarlos pasar, decir una frase o palabra repetidas veces, como "Dios mío te amo".[66]

64   CD Fr. Rafael Checa, OCD Práctica no. 8. Contenido en el libro Jornadas de Contemplación, Editorial Santa Teresa, México. 2013.
65   CD Fr. Rafael Checa, OCD, en la práctica de Oración Contemplativa. Derechos de la Asociación Latinoamericana de Desarrollo Humano S.C. en México.
66   Libros y conferencias del Dr. Luis Jorge González. www.luisjorgegonzalez.org.mx/libro.html

Me dejo llenar de Dios

Revisa tus silencios. Al leer este libro, ¿qué sonidos escuchas?

¿El ambiente facilita la lectura o te distrae?_____

¿Qué piensas de practicar el silencio?_____

¿Cómo puedes distinguir cuando el silencio está a tu favor o en tu contra?

_____

9.3 Silencio exterior y silencio interior

La palabra silencio proviene del latín silere, estar callado. Hay un silencio exterior que se refiere a la ausencia de ruidos y distractores. El silencio exterior generalmente no depende de nosotros. No podemos callar a la patrulla que pasa junto a nosotros ni callar a los autos que tocan desesperados el claxon, ni al perro del vecino que ladra en la madrugada.

Si no aprendemos a utilizar los aparatos eléctricos como televisión, radio, internet, celular a nuestro favor se pueden convertir en fuente de ruido exterior.

El silencio que nos interesa y podemos desarrollar, es el silencio interior, el que se busca en la meditación o en la espiritualidad del Carmelo, en las religiones orientales y judeocristianas; un silencio para escuchar, para estudiar, para amar.

Cuando vivimos con exceso de ruido exterior nos dispersarnos y cuando el ruido interior nos inquieta vivimos con ansiedad.[67]

Ruido exterior = Dispersión

Ruido interior = Ansiedad

9.4 Efecto del silencio

El silencio te permite escuchar a otras personas, acompañarlos en sus reflexiones y aprendizajes. "El conocimiento habla, la sabiduría escucha".[68]

La verborrea es una necesidad de hablar por hablar. ¿Conoces a alguien que quiere aparentar que sabe mucho? Quiere convencerse a sí mismo de su conocimiento infinito. En cambio, la sabiduría es humilde, escucha antes de hablar.

El silencio interior te permite ir a lo esencial de las cosas, al centro de tu corazón, para conocer a la persona con la que vivirás toda tu vida: tú mismo. Si no te conoces, vives con un desconocido que te estresa.
El silencio aclara nuestra mente, aumenta nuestra intuición, aviva nuestra percepción, alimenta la paz, despierta nuestro poder creativo. Gracias a él podemos acumular fuerzas físicas, afectivas, mentales y espirituales.[69]

67   Nouwen, Henri. "Con las manos abiertas". Editorial Lumen Argentina, 1998.
68   Carchak, Luis Angel, en "Coaching de Equipos." Julio de 2012. México, D.F.
69   Carlos Mora Vanegas. Aprender Del Silencio. http://www.articuloz.com/autosuperacion-articulos/aprender-del-silencio-385853.html Posteado: 13/04/2008

Ejercicio Abre un espacio en tu vida para vivir en silencio.

¿Quieres experienciar los beneficios del silencio interior? Un silencio liberador, creativo, potenciador, que te posibilita. Durante esta semana regálate una hora continua de silencio interior, sin distractores, sin televisión, en un lugar tranquilo, sin leer, sin escribir, aquietando tus pensamientos, simplemente observando tu respiración.

¿Qué te agradó al vivir dicha experiencia?

_____

¿Qué viviste durante esa hora?

_____

¿Qué te incomoda del silencio?

_____

> Para recordar que es un buen hábito el incorporar a tu vida momentos de silencio interior, existe el personaje CantalaCALLA, quien ha transformado su vida gracias al silencio.

Para profundizar en el tema sugiero la lectura del libro Oír el Silencio.[70]El silencio es confrontativo, genera miedo, quieres encender la televisión, la radio, conectarte a internet, distraerte con un video juego, ya que necesitas aprender a aceptarte. Si no te toleras, ¿cómo puedes abrirte a escuchar a los demás?

El silencio genera efectos diferentes[71]:

· Psicológicos (ejemplo, eleva la habilidad de afrontar diversas situaciones y problemas).
· Fisiológicos (ejemplo, reduce el ritmo cardiaco y respiratorio; incrementa el flujo lento de las ondas alfa de 8 o 9 por segundo; se segregan endorfinas).
· Sociales (ejemplo, quien practica la escucha del silencio se abre a integrarse en una comunidad, no es un ermitaño que se aísla).
· Místicos (ejemplo, nos brinda gozo interior y certidumbre de Dios).
· Conductuales (ejemplo, la persona cambia su conducta y lleva a la práctica su dimensión ética).

[70]   Amezcua, Cesáreo y García, Sylvia, Oír el Silencio: lo que buscas fuera lo tienes dentro. Narcea Ediciones, Madrid España, 2011.
[71]   Amezcua, Cesáreo y García, Sylvia, Oír el Silencio. Op. Cit.

10. Vive los cambios y renuévate

Vivimos en un mundo que cambia, la vida misma es adaptación al cambio. El cuerpo de un bebé sufre muchos cambios físicos desde que está en el vientre materno hasta su adolescencia. Y los cambios continúan en todas las dimensiones de su persona.

Podemos aprender de la sabiduría del agua, que se mueve y acepta sus ciclos.
¿Acaso has escuchado las quejas de una gota de agua en un frasco de orina, por su color amarillo?
No se queja el agua de charco, ni el agua de mar, ni de los ríos, ni el vapor de nube.

La vida cambia, el universo, tus situaciones y relaciones. Por ejemplo, hay cambios tecnológicos a los que tenemos que adaptarnos como el paso de la máquina de escribir a la computadora.
Adaptarnos a los cambios externos es fluir, el cambio interno detona una renovación que salta a la vista, pues la persona pasa de una obesidad física-espiritual-mental a una metamorfosis que da alas para vivir y seguir volando.

Estamos tan preocupados por los cambios, que nos olvidamos de fluir y del potencial dentro de nosotros, desarrollar nuestras fortalezas. La teoría por sí sola no sirve, el psicólogo norteamericano William James afirma que hemos desarrollado tan solo el 17% de nuestras capacidades.

Somos un bosque lleno de recursos forestales, cascadas por explorar y ríos subterráneos por recorrer; nos frena el miedo a nosotros mismos, a nuestra propia grandeza.

Para vivir los cambios podemos entrenarnos en tres procesos:

Me Acepto "AceptACCIÓN." MR
Me Adapto "AdaptACCIÓN." MR
Me renuevo "RenovACCIÓN." MR

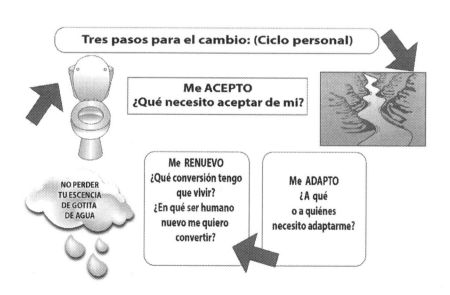

AceptACCIÓN ^{MR}

Al seguir el cauce del río, aceptar nuestros defectos y virtudes, llevar nuestros talentos a su máxima expresión, es posible ensanchar el cauce del propio río. Cuesta más trabajo desarrollar una habilidad que no tenemos y que no nos gusta, que llevar al siguiente nivel de competencia una destreza que nos entusiasma.

Mozart invirtió su tiempo en desarrollar su talento para la música; un gatito aprende con facilidad a subir a los árboles y los tejados; un delfín puede nadar con rapidez y aprender a dar piruetas en el aire. Puedes aceptar tus talentos o luchar por desarrollar las habilidades que están en su mínima expresión en ti. ¿Qué es lo que conviene? ¿Vale la pena pretender que un delfín suba a los árboles? ¿Cuáles son tus talentos? ¿Cuáles son tus impedimentos?

Puedes aceptarte en lugar de luchar contigo. También en el nivel espiritual puedes escoger la virtud que más vive en ti, escoger el verbo que da sentido a tu vida.

AdaptACCIÓN ^{MR}

Adaptarse es fluir, como el agua que esquiva la roca y no discute con ella. Si mi celular está descompuesto y necesito cambiar a una nueva tecnología. ¿Cómo está mi capacidad de adaptarme? ¿Qué necesito aprender? Algunas personas se resisten al cambio en lugar de adaptarse. A veces somos muy estructurados y nos da incertidumbre perder del control.

Adaptarte es aprender de la flexibilidad del bambú que no se quiebra al primer soplido del viento. La oración de la serenidad nos brinda luz: "Dios, dame la serenidad de aceptar las cosas que no puedo cambiar; valor para cambiar las cosas que puedo y sabiduría para conocer la diferencia."[72]

Paso 1: Acepta lo que es y no puedes cambiar.
Paso 2: Adáptate y fluye, se flexible.
Paso 3: Renuévate.

RenovACCIÓN ^{MR}

Renovarnos es generar un cambio en nosotros que va a la raíz de las cosas. Ahora se sabe que es posible cambiar nuestro campo de información. En una conversión espiritual, la persona cambia sus creencias limitantes, cambia sus acciones, se enfoca en una Misión de Vida, se transforma en otra persona siendo esencialmente la misma. La Biblia nos invita a transformar al hombre viejo en un hombre nuevo.

---

[72] Fragmento de la Oración de Serenidad que escribió el teólogo y politólogo protestante Karl Paul Reinhold Niebuhr en 1943.

En una plática con el Padre Francisco López, mejor conocido como "Pancho López," dijo acerca de las personas que no asumen su compromiso para cuidar y nutrir su cuerpo, su mente y su espíritu:

"Del mismo modo que parece fuera de toda lógica que alguien te pida que corras por él 3 kilómetros mientras permanece en su hamaca tomando cervezas, es ilógico que alguien te encargue: <<rezas por mi>>, mientras la persona rechaza a Dios y vive en el rencor".[73]

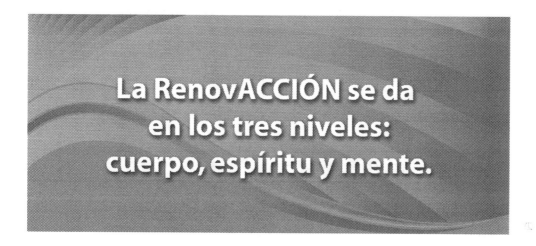

La RenovACCIÓN se da en los tres niveles:
cuerpo, espíritu y mente.

El cuerpo se renueva; Prueba de ello es la neuroplasticidad y el que cambiamos todas nuestras células cada siete años aproximadamente. Pero un hígado "enfermo" puede cambiar sus células en 7 años y seguir siendo un hígado enfermo.

Me puedo reciclar en mi información negativa. La sanación es un cambio profundo en mi ser. Eduardo García Oseguera sanó de sus problemas de Salud cuando se renovó con la práctica diaria del ZhíNeng QiGong. Pudo contactar la sabiduría de su cuerpo, de su mente y de su espíritu.

Fuente: Eduardo García Oceguera,
Curso de ZhíNeng QiGong,
11y 12 de Junio 2011, México, D.F.

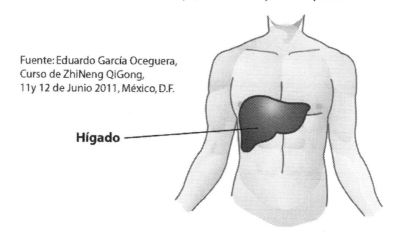

Hígado

---

[73]   López, Francisco, Sacerdote de la Iglesia de la Santa Cruz del Pedregal. México, D.F. junio 2009

El cuerpo se renueva; prueba de ello es la neuroplasticidad y el que cambiamos todas nuestras células cada siete años aproximadamente. Pero un hígado "enfermo" puede cambiar sus células en 7 años y seguir siendo un hígado enfermo.[74]

Me puedo reciclar en mi información negativa. La sanación es un cambio profundo en mi ser.

Renovarse significa vaciarse de sí mismo para permitir que la Divina Voluntad actúe.[75]
Somos como un recipiente que conserva la esencia que da identidad y singularidad a la forma.[76]

Por ejemplo, una cubeta azul, una concha de mar, un vaso de cristal, una cacerola de aluminio, un cuenco de madera. Vaciarse del propio querer para llenarse del querer de Dios.

Un líder de cambio como Mirotálcuatl vive conectado a sus brújulas y en especial a esa Brújula o GPS que se conecta con la intención de Dios.

Cuando comes un alimento físico como son las frutas, verduras, amaranto, pescado, participas de la misma sustancia del alimento y pasa a ser parte de ti, por eso el dicho: "somos lo que comemos".
Lo mismo aplica para el alma que se alimenta de Fe, la Fe nos aproxima a Dios y nos lleva a saborearlo y también nos lleva a confiar en Él.

El fin de la oración es la unión de amor con Dios y que esa unión nos transforme en acción viva de Dios para los demás. Ser a imagen de Dios es un regalo dado, asemejarme a él es un proceso, es un trabajo que voy haciendo, es una tarea.

Ser a imagen de Dios es un Don recibido asemejarme es mi responsabilidad.[77] Como algunos místicos lo expresan: "el aire que respiro es Dios y es Dios mismo el
que se respira en mi."[78]

74   Eduardo Garcia Oceguera, Curso de ZhiNeng QiGong, 11y 12 de Junio 2011, México, D.F.
75   Piccarreta, Luisa. "Libro de Cielo" Tomo 1 Volumen 01 al 04, Traducción por el Dr. Salvador Thomassiny Díaz. 23 de Noviembre de 2010.
76   Garcia Rangel, Iris. Plática sobre la "Divina Voluntad." Mayo 2012. México, D.F.
77   Azcárate, Elisa, psicoterapeuta, teóloga, conversación con Ricardo de la Vega mayo 2014. México. D.F.
78   Piccarreta, Luisa. "Libro de Cielo". Arzobispado Guadalajara, Jal. (México), 2010.

11. Haz un Borrador de tu Proyecto de Vida

El Proyecto de Vida es un documento en donde plasmamos el futuro a corto, mediano y largo plazo en el que queremos vivir. En un mundo tan cambiante, algunas personas con una actitud pesimista eligen olvidarse de hacer planes para el futuro, pues la desesperanza aniquila los sueños. ¿Estás de acuerdo con la frase: "si quieres hacer reír a Dios, cuéntale tus planes"?

Dios no está en contra de nuestros planes, tal vez hay que alinear nuestros objetivos con el proyecto de Dios. ¿Cuántas veces no hemos deseado que se nos abran ciertas puertas, ciertos proyectos, que un actor o actriz del cine internacional nos ame, que el teléfono suene y nos digan que nos contrataron para trabajar en una empresa financiera? Si algunas puertas no se abren, pregúntate ¿por qué siguen cerradas?, ¿Qué otros caminos o alternativas tengo que no estoy detectando?

Somos personas en construcción. ¿Cuál es tu nivel de aceptación contigo mism@ y con los demás de estar en vías de un desarrollo integral? Si el número 7 es la perfección en Dios, ¿puedo aceptar que soy un 6.777?

"Por favor sea paciente. Dios todavía no ha terminado su obra conmigo." [79]

El éxito también se planea; cuando no planeamos el futuro, es probable que el fracaso nos alcance.[80] El Dr. Camilo Cruz nos invita a ser arquitectos de nuestro propio destino con la siguiente pregunta: ¿Es posible desarrollar un plan de éxito para nuestro proyecto de vida empleando la misma metodología que utilizaría un arquitecto para trazar los planos de un edificio?

Trabajar en el proyecto de vida genera entusiasmo y ansiedad[81], por ello te pido que pienses en escribir un borrador que puedes ir modificando conforme te des un espacio para hacer diálogo contigo sobre lo que quieres y no quieres en tu vida, sobre tus posibilidades de destino.

Somos co-creadores de nuestro futuro, dos voluntades unidas, la tuya y la de Dios. Abre espacios de silencio interior. ¿Puedes aceptar en tu vida a Dios como el arquitecto y a ti mismo como el maestro albañil?

El proyecto de vida tiene la función de ser una estrella guía que da dirección a tus pasos para alcanzar tu propósito, para enfocarte en tu Misión Personal y para que puedas contestar a preguntas que te van a acompañar toda la vida: ¿Quién soy?, ¿De dónde vengo?, ¿A dónde voy?, ¿Quién quiero ser?, ¿Qué quiero hacer?, ¿Cuál es mi "para qué"[82]en la vida?, ¿Con quiénes quiero caminar este viaje que es mi vida?

Quien no tiene un proyecto de vida camina sin rumbo. Sin objetivos propios se vuelve objetivo de los demás y va a la deriva sin ejercer su libertad.

---

[79]   Frase que el Padre John Powell S.J. vio en un botón que una señora traía en su ropa. Libro "¿Por favor podría mi verdadero YO ponerse de pie? Editorial Diana. México, D.F., 1993.
[80]   Cruz, Camilo. "Arquitectura del Éxito." Editorial Océano. México, D.F. 2002.
[81]   Surge ansiedad pues es un miedo inconsciente a lo desconocido.
[82]   Mi "para qué" es mi propósito vital.

¿Cuál es tu verbo de vida que más te apasiona vivirlo? ¿Lo podrías enunciar en un renglón?

¿Es el amor?, ¿es el poder?, ¿es el dinero?, ¿es el placer?, ¿es el servicio?

Para poder contestar a esta y otras preguntas, debes tener claro cuáles son tus valores elegidos conscientemente, no los impuestos o heredados.
Desde una mirada de Coaching[83], en el proyecto de vida tienes que identificar:
¿En dónde estás en este momento de tu vida (lo que llamamos el Punto A) y ¿a dónde vas?
¿Cómo quieres que sea tu vida en tres meses, seis meses, un año o en cinco años? (Lo que llamamos el Punto B). Una herramienta útil para diagnosticar y planear es la rueda de la vida, con sus diferentes áreas.

Ejercicio

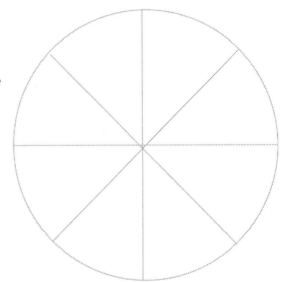

El siguiente ejercicio nos ayuda a tomar conciencia de las diferentes áreas que integran nuestra vida. Si ya lo has hecho antes, date la oportunidad de hacerlo una vez más para tener un diagnóstico de tu momento actual.

a) Imagina que el círculo es la rueda de tu vida, divídelo en las áreas que integran tu vida; da un tamaño mayor a las "rebanadas" que representan aquellas áreas a las que dedicas más tiempo.

Observa tu rueda de la vida. ¿De qué te das cuenta?
b) Compara la rueda de tu vida con la siguiente rueda donde se sugiere a modo de ejemplo, una estructura con 8 áreas posibles:

1. Personal
   a) Bio (Tu cuerpo)
   b) Sensus (Tu Espíritu)
   c) Mind (Tu Mente)

2. Familia y pareja
3. Social
4. Trabajo y Desarrollo Profesional

5. Bienestar económico y material
6. Tu Entorno y el medio ambiente
7. Tu Misión Personal (altruismo y dejar un legado)
8. Tu Tiempo de Ocio

---

[83] Un Proceso de Coaching es una acompañamiento en una conversación que da un Coach a su cliente (Coachee) para ir de un estado actual a un estado deseado en su desempeño, en sus aprendizajes, en el logro de sus objetivos. La persona encuentra sus propias respuestas. La International Coach Federation pone el foco en los resultados: "El coaching es una relación profesional continuada que ayuda a que las personas produzcan resultados extraordinarios en sus vidas, carreras, negocios u organizaciones. A través de este proceso de coaching, los clientes ahondan en su aprendizaje, mejoran su desempeño y refuerzan su calidad de vida". Hay diferentes tipos de Coaching, en el Coaching Ejecutivo, por ejemplo se trabaja con creencias tóxicas que interfieren en el desempeño y se busca que las personas incrementen su capacidad de acción eficaz.

¿Qué áreas de tu vida omitiste en tu primer dibujo?

c) Ahora ilumina tu rueda integral de vida y en cada una de las áreas ve coloreando en verde aquellas en las que sientes satisfacción, en amarillo si hay algunos problemas y en rojo si estás en crisis.

Trata de ser honest@ contigo, identifica tu aquí y ahora real, acepta lo que está ocurriendo en tu vida como cuando visitas al médico y te muestra una radiografía.

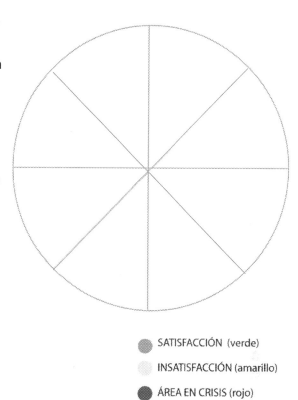

Identificar en cada Área de tu Vida tú Índice de Satisfacción

¿Cúal es mi área más débil?

¿Cuál es mi área más fuerte?

⬤ SATISFACCIÓN (verde)

◯ INSATISFACCIÓN (amarillo)

⬤ ÁREA EN CRISIS (rojo)

¿Qué es más grave que estar enferm@?

Ignorar que lo estoy.

Tu situación actual (Punto A en tu vida) es lo que tienes y obtienes en este momento.
¿Qué te gustaría que cambiara? (Punto B en tu vida).
En la PNL[84] se define como problema a la distancia que existe entre el Punto A y el Punto B:
si la distancia es muy grande, el problema hace figura en tu vida y salta a la vista.

Al trazar la rueda de su vida, María descubrió que su "pastel" tiene cuatro áreas: su trabajo, su maestría, sus amigos y jugar tenis; en ese instante bajó la mirada y apretó los labios, con voz entrecortada comprendió el enojo de su esposo cuando le reclama que no le dedica tiempo a la relación y también se dio cuenta de que han pasado seis meses sin visitar a sus padres.

Quedarnos en el problema nos sumerge en un estado mental y emocional.[85] Por ello en tu proyecto de vida es indispensable contar con una Visión, una imagen poderosa del futuro en el que quieres vivir, mirar con esperanza a través de esa ventana del porvenir.

---

84   PNL son las siglas de Programación Neuro-lingüística.
85   Infante, Marcela, Programación Neuro-lingüística, Reencuadre S.C. México, D.F. 2004.

Cristóbal Colón tuvo una visión poderosa: llegar a las India para acortar la ruta de las especias. Para lograrlo, emprendió su Misión como navegante, se puso el uniforme de marinero y emprendió las acciones necesarias con un equipo de trabajo. Le falló la brújula y cuando en su barco gritaron: "¡Tierra a la vista!", nadie imaginó que habían llegado a un nuevo continente.

Cuando Juan Diego tuvo la Visión de La Guadalupana, su vida no volvió a ser la misma, pues cambió su Misión Personal de campesino a mensajero y representante de la Virgen. Con su investidura, el ayate con la imagen de la virgen, se movió a las acciones específicas para hacer escuchar su palabra.

Ejercicio   Las siguientes líneas son para trabajar en el Diplomado **BSM.**

Trabaja tu Visión y Acción con la Metáfora de la Gruta:

Una gruta se ha formado bajo la tierra con el paso de miles de años, el agua de la lluvia se filtra entre las rocas calcáreas trayendo consigo sales minerales que escurren por el techo y forman figuras puntiagudas, estalactitas. Cuando las gotas caen van formando en el suelo otras figuras caprichosas que se llaman estalagmitas.

Para que se forme un centímetro de estalactita o de estalagmita pasan entre 50 y 100 años. Con el paso del tiempo en la gruta ocurre el milagro, se une el cielo y la tierra, se fusiona la estalactita con la estalagmita formando un estalagmato.

¿Cómo se relaciona lo que ocurre en el interior de una gruta con tu vida?

Cuando caminas en la gruta, una combinación de emociones recorre todo tu cuerpo, el entusiasmo por descubrir algo nuevo, el miedo a la oscuridad o a extraviarte en los múltiples laberintos, la alegría que te conecta con los misterios de Dios y de la naturaleza.
Hay cinco actitudes para recorrer la gruta[86]:

1. La actitud del MIROMBLIGO:
son las personas que caminan por la gruta con la mirada perdida en sí mismos, solo ven su ombligo, viven evadidos, como esos jóvenes que caminan viendo el celular, con los oídos conectados a su música.

El riesgo de perderse y caer es muy alto.
Personajes como Disperzappin y Disperzappin Black van por la vida con esta actitud.

2. La actitud de Los WatchaNubes, que caminan con la mirada en las estalactitas, les fascina mirar hacia arriba, ven los amplios espacios de la cueva y sueñan con llegar al techo.

Los WhatchaNubes, sueñan con un cielo abierto lleno de nubes blancas, sueñan y sueñan, su verbo de vida es fantasear pues, aunque tienen una visión clara de su futuro, no aterrizan sus ideas con acciones eficaces.

---

[86] Para descubrir estas cinco actitudes me inspiró la explicación de la Coach y Facilitadora Lorena Rodríguez Cervantes del Modelo de la Visión y la acción donde se generan 4 cuadrantes: sobrevivientes, hámsteres, soñadores y proactivos con misión. Enero 2014. México, D.F.

3. La actitud de LOS MIROSUELAS, que caminan con la mirada en las Estalagmitas, su mirada está en el piso, en los zapatos y son muy hábiles para avanzar y esquivar obstáculos en el camino, pero, al no mirar hacia arriba y avanzar muy rápido se alejan del grupo y terminan extraviados en el laberinto de la cueva. LOS MIROSUELAS son aquellas personas que se ponen a trabajar sin tener clara la Visión de futuro, a dónde van. Al no contar con una brújula, dejan de escuchar la voz que los guía y se pierden en la gruta de la vida.

4. La actitud de MIROTÁLCUATL, una mirada holística que permite integrar el techo de la gruta con el piso de la gruta, en donde las estalactitas se unen a las estalagmitas y se forman los estalagmatos.
La mirada de MIROTÁLCUATL tiene integrada la visión y la acción en una misión de vida, tiene una identidad dinámica pues construye su proyecto de vida, disfruta el camino, tiene la certeza de poder concretar sus sueños, sus miedos sanos son un radar, se atreve a nadar en los ríos subterráneos de su sabiduría interior sin perderse, pues escucha la voz de sus brújulas. Es un Líder de cambio que recorre caminos desconocidos con la esperanza de encontrarse el cielo abierto y la luz del sol. Y como líder, lo sigue la comunidad.

5. La actitud de PossiBilly:
¿Qué le hace falta a PossiBilly? Possibily aspira a tener la mirada de MIROTÁLCUATL, ya integra su visión con su misión. Vive su vida con balance.
Pero a Possibily le sigue faltando algo, trascender, ser un líder de cambio, requiere incrementar su capacidad de dar servicio a los demás, (no de apariencia como los JOJOJIJOS CHIN CHIN, ni una visión limitada a simples metas personales como los Focussingos).
El permanecer en la gruta puede convertir a PossiBilly en un murciélago que tiene una brújula súper desarrollada y esto es un buen sonar que le permite recorrer tranquilamente la oscuridad de la gruta cuando vuela, pero la gruta se convierte en una zona de confort calientita.

RICARDO JOSÉ DE LA VEGA

Qué impulsa a un PossiBilly a dar el siguiente paso?

La invitación que tiene el ser humano es a escuchar la brújula de Dios. Un PossiBilly se transforma en Mirotálcuatl cuando integra está brújula, (el GPS de Dios) para salir de la cueva y ver la luz del sol, cuando la Misión Personal se alimenta de la voluntad y la creatividad de Dios.

En ese momento la vida misma se simplifica, hay claridad no confusión, hay fortaleza no debilidad, PossiBilly descubre una luz que viene de fuera de la gruta y se deja guiar para salir de ella y descubrir un mundo lleno de posibilidades. El murciélago se transforma en paloma.

Reflexiona:
¿Con cuál de las cinco actitudes anteriormente descritas vas tú por la vida?

11.1 Primer acercamiento a tu Misión Personal

La Visión es para ubicarte en el futuro, una imagen poderosa y llena de esperanza de tu yo posible.
¿Cómo te visualizas y percibes en uno, cinco, diez años en las diferentes áreas de tu vida?
Como si te observaras en una película o en una ventana a tu vida futura.

La Misión Personal es tu vocación a largo plazo. Te da un sentido de identidad:
"Soy astronauta, este es mi traje espacial, se tripular esta nave y emprendo las acciones para lograrlo".
Desde la Misión Personal respondo:

¿Quién soy? _____

¿Qué hago? _____

¿Para qué y para quién lo hago? _____

12. Vive tus 4 Brújulas

Cuando me operaron de la garganta, sentí miedo de lo que pudiera pasar. A mis nueve años me asustaba ver a tantas personas vestidas de blanco y recorrer el hospital con sus olores característicos. Me recuerdo brincando de una cama a la otra en mis intentos por esquivar a la enfermera. Mi padre, al ver mi desesperación, me llevó a ver a otros niños que comían nieve de limón; ellos ya habían pasado por la operación y se encontraban sanos y salvos (la visión a futuro da esperanza). En ese momento respiré profundo, la tranquilidad circuló por mis venas, el cloroformo anestesió mi "darme cuenta". Al despertar mis padres estaban en el cuarto y frente a mi había una pequeña caja envuelta para regalo. Abrí mi caja y encontré una brújula como las que usan los aventureros en las películas.

¿Cuáles han sido las brújulas en tu vida?

Las brújulas son herramientas guías que nos permiten pasar de lo urgente a lo trascendente, facilitan nuestro camino al darnos una sensación de certeza sobre la dirección que estamos tomando a cada momento; al poder establecer prioridades en nuestra vida, se reduce la confusión y el estrés.

Brújula 1: Es la brújula interior BSM, para llegar a la toma de conciencia de tres dimensiones: la escucha del cuerpo, el espíritu y la mente. Ahí están nuestras sensaciones, emociones, necesidades, valores auto elegidos, nuestra intención, nuestros deseos y talentos, nuestra historia personal. "Debemos actuar de tal forma que el cuerpo, la mente y el espíritu dialoguen entre sí..."[87]

La Brújula **BSM** son tres miradas hacia adentro de nosotros. Y pueden utilizarse tanto para explorar el mundo interior como el exterior. Ken Wilber -basado en filósofos cristianos- propone que podemos tratar de explicar la realidad desde tres miradas: desde el ojo de la carne (el cuerpo), desde el ojo de la mente y desde el ojo del espíritu. Cuando logramos comprender los alcances y limitaciones de cada mirada y cuando las integramos a nuestro ser, pasamos del conocimiento a la sabiduría.[88]

La mirada va más allá del órgano sensorial que es el ojo. El ojo del cuerpo ve, la mirada del cuerpo nos conecta con la visión del horizonte; la mirada del espíritu es contemplar y comprender en su totalidad lo que sucede; en la mirada de la mente conocemos, interpretamos y damos un significado.[89]

---

87   Nesti, Carlo. "Mi psicólogo es Jesús", Obra Nacional de la Buena Prensa, A.C. México, 2010.
88   Wilber, Ken, "Los tres ojos del conocimiento". Editorial Kairós. Quinta Edición. Octubre 2006.
89   Elisa Azcárate (Op. Cit.) sugiere que el ojo es el órgano del cuerpo, de la mente y del espíritu, la mirada va más allá. Conversación con Ricardo de la Vega Mayo 2014.

Las tres miradas integradas nos llevan del conocimiento fragmentado a la sabiduría interior que es una brújula. Basado en dicha idea de Ken Wilber desarrollé el siguiente diagrama:

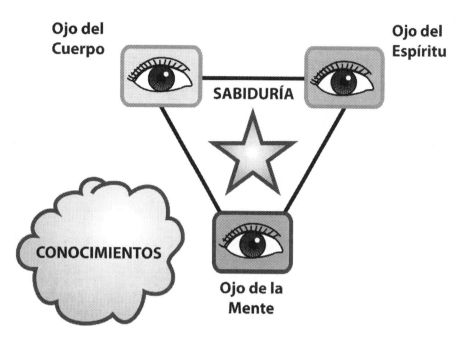

Las Brújula **BSM**: Piensa en una decisión que vas a tomar.

¿Qué tiene más peso: las opiniones de tus amigos o tu brújula interior?
Si escuchas tus sensaciones corporales, ¿qué te dice tu cuerpo sobre tu decisión?
¿Qué te dice la mente?
¿Qué valores están involucrados?
¿Por cuál late más fuerte tu corazón?

_____

_____

_____

_____

Después de escuchar tu brújula interior **BSM**, haz un dibujo en el recuadro siguiente donde plasmes la decisión que quieres tomar:

Brújula 2. Es la brújula exterior: la escucha de lo que la vida pide de cada quien en cada momento.

Nacemos en una familia y en un determinado país, vivimos en un contexto histórico con condiciones sociales, políticas y económicas específicas. Con caminos y puertas que se abren y se cierran. En este ambiente social encontramos modelos de vida, maestros, amigos y líderes sociales.

Recibimos la influencia de la cultura, de los medios de comunicación y de los avances tecnológicos. Estas condiciones te ayudan a descubrir tus caminos vocacionales.

Ejercicio

¿Qué te dice la brújula exterior sobre tu decisión a tomar?

Brújula 3. Effetá. Ya hemos dicho que tu cuerpo es tu casa y que tu casa está habitada por tu espíritu. ¿Pero tu espíritu se conecta con el Espíritu de Dios? A esa brújula nos referimos, Effetá significa abrirse al GPS de Dios, la escucha del llamado de Dios en la vida. Brújula que despierta controversia. Trabajar en la brújula interior por medio de la oración, nos lleva a conectarnos en el amor con el Creador y lo creado. Eso nos lleva a respetar la naturaleza. Como dice Carlo Nesti en su libro "Mi psicólogo es Jesús", la mentalidad vertical asume el mando de la existencia, con Dios como navegador satelital, capaz de señalarnos el itinerario correcto. Dios envía señales sobre nuestra vocación en la vida.

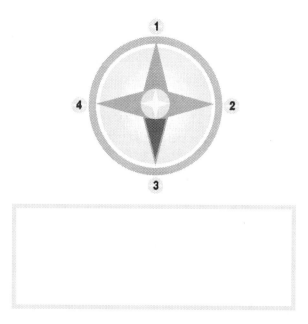

¿Cómo escuchar sus señales?

Carlo Nesti describe la forma de la persona occidental de vivir su "ser". Mira hacia adelante, hacia atrás, a la derecha, a la izquierda, mira hacia abajo y se olvida de mirar hacia arriba. Cuando el hombre vive de forma horizontal, vive sólo para sí mismo y se olvida de Dios. La voluntad humana fue creada para estar en sintonía con la voluntad divina. [90]

Ejercicio Si Dios te murmurara algo al oído. ¿Qué te diría sobre tu decisión a tomar?

Brújula 4. La Misión Personal en la cual se basa nuestro proyecto de vida.
Después de escuchar las tres brújulas anteriores, de encontrar una identidad, un estado de libertad y una sintonía con Dios, podemos trabajar y diseñar una brújula adicional que nos simplifique la vida y la toma de decisiones: El descubrir tu Para qué y tu Para quién.
Esta brújula nos indica qué más necesitamos aprender, cómo queremos vivir, cuál es nuestra forma peculiar de amar y cuál es el legado que queremos dejar a la humanidad.

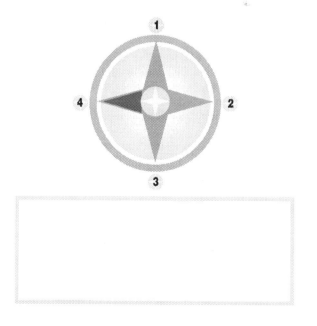

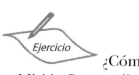

Ejercicio ¿Cómo se alinea tu decisión con tu Misión Personal?

---

90   Iris García Rangel, Conferencia sobre la "Divina Voluntad" 19 mayo 2012. México, D.F.

Después de escuchar las 4 Brújulas nuestros objetivos personales se alinean con el proyecto de Dios y podemos poner nuestros talentos al servicio de las necesidades reales de la sociedad donde vivimos. Dejamos de buscar un simple empleo para abrir las puertas a un trabajo que nos dé satisfacción y trascendencia.

El siguiente ejercicio te ayuda a poder filtrar tus acciones diarias, pues la vida se nos va en el activismo de Mirosuelas, sin establecer prioridades con base en lo trascendente más que lo urgente:

PRIORIZAR: pasar de lo URGENTE a lo IMPORTANTE

LISTA DE PENDIENTES

Pendientes	¿Va con tu Cuerpo Mente Espíritu?	¿Va con tu Misión Personal? ¿Valores auto elegidos?	¿Responde a tu momento histórico?	¿Va con las señales que Dios te envía?	¿Pasó la prueba?	Prioridad
a)						
b)						
c)						
d)						
e)						
f)						
g)						

13.Escucha tu Espíritu

En la actualidad podemos medir nuestros procesos biológicos y nuestra actividad cerebral con tecnología, pero el espíritu humano aún no puede ser medido.

El espíritu es como una fuerza gravitacional invisible. Sin embargo, así como el campo de atracción de la Tierra tiene sus efectos visibles cuando dejamos caer un objeto, del mismo modo podemos notar los efectos de realizar un trabajo espiritual en nuestra vida y en la de los demás.

Ejercicio Para escuchar tu espíritu te sugerimos un termómetro espiritual con indicadores en color rojo, amarillo y verde. ¿En qué nivel te encuentras de cada indicador?

Termómetro espiritual

INDICADOR ESPIRITUAL	¿Cómo se siente en tu cuerpo?	(¿Está en rojo, amarillo o verde?)
PAZ INTERIOR		
Realizar un examen de conciencia de tu día (Darte cuenta)		
Descubrir el sentido de tu vida		
El sentido del humor		
Vivir tus duelos		
Tu capacidad de Amar		
Tu capacidad de Perdonar		
Agradecer		
Tu compasión		
Tu libertad		
Tu felicidad		
¿Rompes con apegos?		
¿Qué otros indicadores espirituales tienes?		

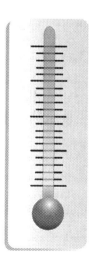

81

Existen varias alternativas para escuchar el espíritu.

Vícktor Frankl propone a la Logoterapia como una herramienta para descubrir nuestro sentido de vida. En el hombre existe la tridimensionalidad cuerpo-mente-espíritu. En su libro "La Presencia Ignorada de Dios", Frankl explica que existe un inconsciente espiritual y que necesitas incrementar el darte cuenta de tu espíritu y de la presencia de Dios en ti. [91]
Una herramienta poderosa para entrar en la intimidad de tu Ser, es la oración contemplativa o la meditación. Cuando silencias el ruido interior, la fuerte actividad de pensamientos, la efervescencia emocional, puedes realmente escuchar a tu espíritu y al espíritu de Dios, que están en lo profundo de mi ser esperando ser descubiertos. [92]

Robert Dilts dice que el coaching puede tener diferentes niveles de apoyo y de profundidad.
Por ejemplo, un Coach se puede enfocar en el comportamiento de su cliente, ¿qué hace?
O puede trabajar con sus capacidades, ¿cómo lo hace?, cuidar el entorno ¿dónde y cuándo lo hace?, puede explorar las creencias que la persona tiene sobre el mundo, ¿por qué lo hace? y las creencias sobre sí mismo, ¿en quién se convierte cuando lo hace?, y puede convertirse en un coach despertador. [93]
¿Un despertador de qué? Puede ser un despertador en la recámara que me levanta a las 7 de la mañana con gritos, pero nos referimos a un despertador de conciencia, que va más allá y explora el espíritu, ¿para quién lo hace?, ¿para qué lo hace? De esta forma el coach reconecta nuestras motivaciones más profundas, nos hace salir de un estado de indiferencia, emerger del sueño.

Un coach despertador te acompaña a que escuches tu espíritu. Coachear [94] al hombre en este nivel de profundidad es llevarlo a que tome conciencia de su inconsciente espiritual, de su azul profundo, de su miedo y llevarlo al atrevimiento de sumergirse en el fondo del propio mar, en donde puede descubrir:

· El Sentido de su Vida
· Su forma peculiar de amar, perdonar, servir.
· Su necesidad de Dios.

En el modelo de los niveles neurológicos, Dilts se refiere al término espiritual como a un concepto que va más allá de nosotros mismos; abarca la familia, la comunidad y un sistema mayor, con el Ser con mayúscula, donde se encuentra el cumplimiento de la Visión, la Misión y el Propósito de Vida. Dilts asocia al espíritu con el comentario de Albert Einstein: "[...] lo que me interesa es conocer los pensamientos de Dios. Lo demás son detalles". [95]

Descubrir nuestras virtudes vitales como si fueran competencias laborales, para transformarlas en hábitos observables en la vida. Fe, caridad, esperanza, fortaleza, amor, perdón, sinceridad, honradez, gratitud, es decir, son hábitos del corazón.

---

[91]   Frankl, Víktor E., "La Presencia Ignorada de Dios". Editorial Herder.
[92]   Checa, Rafael Dr. O.C.D. "Prácticas de Oración" por la Asociación Latinoamericana de Desarrollo Humano, S.C.
[93]   Es diferente la alarma despertador que te saca de la cama cada mañana, a un Coach despertador que te acompaña para abrir tu darte cuenta, trabajar tus creencias tóxicas y dar los pasos necesarios para que salgas del capullo y extiendas tus alas.
[94]   Acompañar al otro con empatía haciendo preguntas para que encuentre sus propias respuestas y viva el proceso de aprendizaje reflexión-acción-reflexión-acción.
[95]   Dilts, Robert, "Coaching Herramientas para el Cambio" Editorial Urano. España, 2004.

Si quisieras desarrollar todas tus virtudes, no te alcanzaría la vida. Tendrás que enfocarte en aquella virtud que te hace sentido, que es natural para ti, como el violín para el violinista, y que se relaciona con tu propósito de vida. El profundo amor de una persona que trabaja con niños abandonados, puede ser tan grande que logre sanar la autoestima de los niños.

Si escuchas, tu espíritu te puede dar una respuesta diferente a las preguntas:
¿Quién soy?,
¿Qué quiero?,
¿Cuál es mi propósito?,
¿Cuál es mi virtud rectora?

Contesta las preguntas de la columna de la izquierda; luego, induce en ti un estado meditativo, de contemplación o de oración que te permita silenciar tu mente y abrirte a escuchar tu voz interior. Haz resonar las preguntas anteriores, de modo que puedas encontrar nuevas respuestas.

Respuesta que te da tu mente	Respuesta que te da tu espíritu
¿Quien soy?	¿Quien realmente soy?
¿Qué quiero?	¿Qué realmente quiero?
¿Cuál es mi objetivo?	¿Cuál es mi propósito vital?
¿Cuál es mi mayor habilidad?	¿Cuáles son mis talentos para dar servicio a los demás?

14. Descubre tu Intención detrás de la Intención

Cuando se incrementa la conciencia corporal, mental y espiritual se facilita el descubrimiento de la intención que existe detrás de cada acción y de la intención que hay detrás de la intención.
¿Cuál es la motivación más profunda que te mueve a vivir?

Hay una pregunta popular que dice: "¿Cuáles son tus intenciones?"
Se refiere a que detrás de lo que hacemos pueden existir varios motivos, necesidades o propósitos. Cuando quieras explorar qué te mueve a actuar, aplica tres veces la pregunta ¿para qué lo hago? Si después de la segunda o la tercera pregunta no encuentras respuesta, puede ser que tu motivo esté en el fondo de tu iceberg.

¿Estoy movido de manera voluntaria o de manera inconsciente?

Para explicarlo existe el Modelo de la Triple Intención, una búsqueda espiritual en tu sabiduría inconsciente. Imagínate que en tu iceberg personal integrado por una parte en la superficie y la de mayor tamaño oculta, colocas un triángulo, cada punta de ese triángulo representa una de tus intenciones detrás de lo que haces. Al mover tu triángulo con tu triple intención, pueden ocurrir varias cosas con sus vértices:

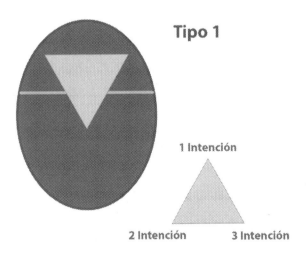

Tengo una intención abierta que muestro a los demás, otra intención que yo conozco y no muestro a los demás (oculto a los demás mi verdadera intención). Y una tercer intención desconocida para mi y para los demás, que me mueve a actuar, que está debajo de la línea de la conciencia (es inconciente).

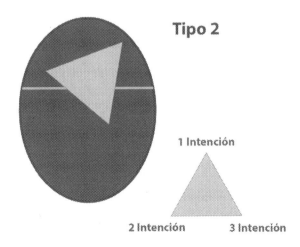

Tengo una intención abierta que muestro a los demás, detras hay una intención positiva que es un METAOBJETIVO. Y una tercer intención desconocida para mi y para los demás, que me mueve a actuar o me impide actuar, puede ser una emoción, un miedo, etc.
Ejemplo: Acción tomar agua, intención 1: quiero verme bien, intención 2: mi meta objetivo es la SALUD,
intención 3: miedo a morir como el abuelo por problemas de obesidad.

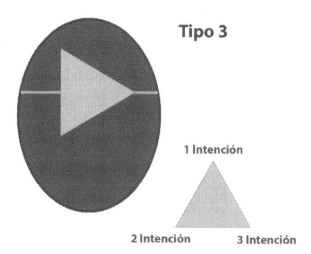

Tipo 3

1 Intención

2 Intención   3 Intención

Tengo una intención abierta que muestro a los demás,
detras hay una intención CONFUSA, ya que cae en mi
preconsciente o subconciente.
Y una tercer intención desconocida para mi y para los demás,
que me mueve a actuar o me impide actuar.

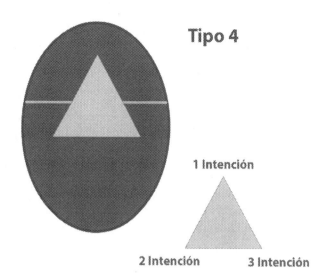

Tipo 4

1 Intención

2 Intención   3 Intención

Tengo una intención abierta que muestro a los demás,
dentro de mi operan a nivel inconciente dos intenciones que
entran en conflicto y generan mucha ansiedad.

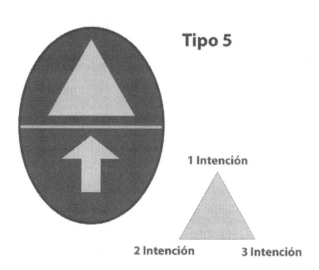

Tipo 5

1 Intención

2 Intención   3 Intención

El autoconocimiento, meditación oración, procesos
terapéuticos, Coaching, capacitación y apoyo con
herramientas de diagnóstico como grafológico, etc.,
te permiten contemplar tu intención detrás de tu intención
y la intencionalidad detrás de esa intención.
Y cada acción cobra sentido en tu vida.

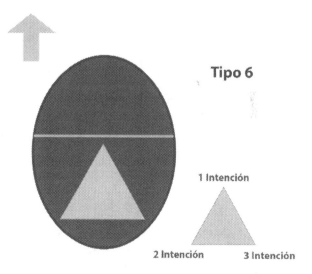

Tipo 6

1 Intención

2 Intención   3 Intención

Vives en una triple reacción.
Los tres vértices de tu triángulo están bajo el agua.
Al estar rindiendo su declaración en el Ministerio Público,
le preguntaron a un taxista: ¿Por qué se bajo de su coche y
le dió una golpiza al anciano que conducía frente a usted?
--No lo sé, respondió, el me toco el claxon con insistencia y
yo me bajé del coche y lo golpeé.

· Tienes una agenda oculta (Tipo 1)

Dos de tus vértices están en la superficie, por lo que comunicas a los demás una de tus intenciones detrás de tu acción y ocultas otra de tus intenciones. Un tercer motivo es inconsciente, es desconocido para ti y para los demás. Regina se apuntó al viaje familiar, viajar con sus hijos para celebrar los 60 años de Chelo en Disneylandia con todos sus nietos e hijos. Las intenciones familiares eran celebrar el aniversario y divertirse en Disney. Regina compartía dicha motivación, pero su intención detrás de su intención era ir de compras y no lo comunicó al grupo.

Después del primer día en Disneylandia, organizó a la familia para que pasaran todo el día en un centro comercial mientras ella hacía sus compras de ropa. Los niños estaban aburridos y la cumpleañera se sentía muy enojada. Al día siguiente quería seguir comprando y la familia se dividió entre los que querían comprar y los que querían divertirse y celebrar con Chelo.
¿Cuál era el motivo de Regina para preferir ir de compras en lugar de disfrutar con la familia? Tal vez ella lo conozca o no lo conozca, existe la posibilidad de que ella quiera llenar con compras algún vacío. Ella es responsable de no comunicar a los otros desde un principio su intención de irse de compras.

· Intenciones en conflicto (Tipo 3) (Tipo 4)

Otra alternativa es que tienes claridad de lo que quieres hacer y para qué lo quieres hacer.
Sin embargo, cuando vas a tomar la decisión y a emprender la acción, la pospones o surgen incongruencias. Uno de los vértices de tu triángulo está en la superficie y los otros dos motivos están en tu océano inconsciente.

Desde tu intención abierta, actúas con recta intención, sin embargo, experimentas una angustia, pues dentro de ti operan a nivel inconsciente dos intenciones que entran en conflicto. A veces entran en conflicto valores, ideas, creencias que no hemos digerido (introyectos) y son contradictorios ente sí. Si no sanas tu pasado, tus patrones y lealtades inconscientes actúan por ti. Por eso es importante vivir un proceso de psicoterapia.

Beatriz tiene sobrepeso y quiere bajar 20 kilos para el día de su boda. Su nutrióloga le ha pedido que preste atención a su sensación de saciedad, así comerá lo que necesita su cuerpo.
En la siguiente revisión, Beatriz había subido aún más de peso. Se siente enojada y decepcionada consigo misma. Su intención consciente es bajar de peso, pero dentro de ella actúan creencias inconscientes.
Cuando siente que ya está satisfecha, observa su plato y aún quedan algunos pedacitos de comida. En ese momento y sin darse cuenta, se activan dos vocecitas en su cabeza, la voz de su papá que le dice: "Cómete todo, no hay que desperdiciar la comida, hay muchos niños que no tienen qué comer". También escucha la voz de su mamá: "Beatricita, si sigues comiendo así, vas a parecer un luchador de sumo."

Ambos comentarios generan en Beatriz un sentimiento de culpa, que aprendió a calmarlo comiendo más. Ahora se suma un sentimiento de culpa adicional, querer bajar de peso y al no lograrlo, la lleva de forma inconsciente a servirse porciones más grandes.

Por escuchar otras voces (introyectadas) deja de escuchar la sabiduría de su cuerpo.

Claridad de tus intenciones (Tipo 2) (Tipo 5)

¿Qué otras posibilidades tiene el Modelo de la Triple Intención?

Descúbrelas por ti mismo al meditar, al orar, al caminar, al enfocar tu mente para reflexionar sobre tus actos.

Ramiro J. Álvarez, psicólogo clínico, nos invita a iniciar una búsqueda del alma[96], pues muchas de nuestras decisiones y acciones son desde nuestra máscara, desde un yo falso, donde racionalizamos lo que hacemos, actuamos desde el disfraz un papel en la vida y sin llegar al umbral de nosotros mismos, a nuestra esencia. Esta es una invitación a remover la roca de nuestro iceberg para que salga a la luz lo que está oculto, la luz y la sombra detrás de nuestros actos.

¿Cuál es el objetivo profundo?, ¿Cuál es la verdadera actitud oculta?

Ramiro propone que descubramos cuales son los centros vitales que nos mueven.
Los centros vitales son las áreas de nuestra rueda de vida combinadas con los valores auto elegidos. Son aquello que lleva a cada persona a establecer prioridades sin darse cuenta. Para algunas personas la vida gira entorno al centro vital familiar, su familia es primero y la puede anteponer a su bienestar personal. Para otras personas su centro vital es el económico, y su vida gira entorno a generar dinero; muchos jóvenes viven su vida desde el centro vital social.

La propuesta de Ramiro se conecta con la propuesta de descubrir tu intención (real o genuina) detrás de tu intención (aparente), expuesta en este libro. Cuando no tenemos clara nuestras intenciones enviamos dobles mensajes.

Ejercicio

Puede ser de mucha ayuda el llevar un diario de tus acciones y tus intenciones.
Te propongo lo siguiente:

---

[96]   Ramiro J. Álvarez. "Recuperar el alma." Editoral SAI Terrae, Santander. España, 2003.

Fecha:	acción específica	Intención a la vista	Intención profunda	Qué valor o centro vital estoy honrando?	Que otras acciones puedo hacer para honrar ese valor o centro vital?
25 de julio	Estudiar una maestría	Aprender más para desempeñarme mejor en el trabajo	Que mi padre me acepte, me ame y no me descalifique	Valor: amar Centro vital: Familiar.	invitar a un viaje a mi padre y decirle que lo necesito y que lo amo.

RICARDO JOSÉ DE LA VEGA

15 Vive tu Fe (Tu Brújula 3: Effetá)

En un re-encuentro de compañeros de secundaria, las aguas frescas de la tarde se convierten en botellas de cerveza y tequila. Los chistes blancos e inocentes de Pepito se tornan en chistes rojos y muy picantes; los nombres de Juan, Paco, Carmen, Andrea y Carlos son sustituidos por los apodos de burro, manotas, la vaca, la corcholata y el embrión, acompañados por los apellidos pinche y güey.

La reunión tiende a ser memorable; el tema se pone más emocionante cuando Fernando habla de fantasmas y Raquel comenta un mal de ojo del que fue víctima y que le hizo perder el trabajo y a su novio; por suerte la apoyó un Chamán para encontrar una solución. La conversación se paraliza cuando Lucía menciona la palabra Dios. Se hace un silencio incómodo, como si Lucía le hubiera dado una cachetada al anfitrión o un súper gas se le hubiera escapado bajo la falda…

¿Te has preguntado cómo se puede hablar de Dios en los libros o reuniones sin que la gente se ofenda o se incomode?

El Padre Rafael Checa -quien fue mi Director Espiritual- menciona los múltiples factores que nos hacen entrar en una crisis como orantes y nos alejamos de la oración como vía de conexión con Dios. Uno de los factores es la alergia a Dios y los valores del espíritu, muy propagada por algunos medios de comunicación.[97]

¿Tu concepto de espiritualidad incluye la idea de un ser superior? Sí sigues leyendo estás líneas significa que no interrumpiste la lectura por una posible alergia a la palabra DIOS. Aclaremos algo, la espiritualidad[98] no es sinónimo de religión y de "existir" un Ser Superior, este Ser ES[99], creamos o no creamos en él, y su SER no está limitado por el apodo que le pongamos. Dios no es marca registrada. Cada quien es libre de elegir su camino espiritual y elegir una religión si así lo decide. Y hay santos en todas las religiones, como dice Carmelita Reveles.[100]

Yo (Ricardo José de la Vega D.) he elegido ser Católico y me identifico con Jesús de Nazaret, y un camino que me ayuda en mi crecimiento es la espiritualidad Carmelitana: donde la contemplación y la oración son un «trato de amistad», en el que se establece una relación afectuosa con Cristo.

No se trata de pensar mucho, sino de amar mucho.[101] Orar es amar,[102] dejarse transformar por el Espíritu de Dios en el silencio, para hacer vida el Evangelio en servicio a otros. La espiritualidad no se da en el aislamiento, sino en la fraternidad y comunión con los demás.

El reto es amar y convivir con el próximo, integrar comunidades, grupos-familia de 12 personas -como los apóstoles- unidos por una profunda amistad de hermanos. Con una regla de vida que invita al balance: tiempo para orar, tiempo para descansar, tiempo para trabajar, tiempo para amar. Seguidores de Jesús, del Profeta Elías, la Virgen María, y del ejemplo de vida que dejaron algunos santos como: Santa Teresa de Jesús, San Juan de la Cruz, Santa Teresa de Lisieux.[103]

---

[97]   Fr. Rafael Checa, OCD (Orden de Carmelitas Descalzos). Jornadas de Contemplación, Editorial Santa Teresa, México, D.F., 2013.

[98]   La espiritualidad no es sinónimo de religión, Una persona espiritual vive en la praxis de su Fe, se mueve a la acciones concretas como orar, amar, ayudar al otro, no se queda solo en la contemplación, como un ermitaño en una montaña. La religión son los dogmas de un grupo en relación a una creencia, hay reglas de vida que cumplir. Sin embargo, hablar de espiritualidad también implica un compromiso.

[99]   ES significa no creado, existir significa creado.

[100]   Marta del Carmen Navarro de Reveles, Jornadas de Oración Contemplativa, Iglesia Tlacopac, México, D.F. marzo 2014. Marta fue la encargada de edición y coordinación de la obra "Jornadas de Contemplación". del Padre Rafael Checa OCD (Op. Cit.)

[101]   Como dice Santa Teresa de Jesús.

[102]   Padre Rafael Checa

[103]   Ignacio Palos, invitado al Curso de Pescar para hablar de Santa Teresa de Jesús. Director a Nivel Nacional de los Carmelitas Seglares. 20 de Julio de 2014. México, D.,F.

Nuestras elecciones pueden verse afectadas por recuerdos negativos o positivos del pasado. Hay palabras que se convierten en anclas que disparan un estado emocional cuando son escuchadas, del mismo modo que cuando se escucha la frase "está temblando", se acelera el corazón.

Al escuchar las palabra Dios, Jesucristo, Yahvé puedes llenarte de alegría o sentir una tensión muscular, o un sentimiento de enojo. El enojo con Dios es una puerta de relación con Dios. ¿Qué ideas están asociadas a dichas palabras? ¿Cuáles fueron tus primeras experiencias en relación a ese Ser Superior?
La intención es tocar el tema respetando tu sistema de creencias, siéntete aceptado con cualquiera que sea tu postura sobre este asunto, del mismo modo que puedes tener tu propia postura sobre política, fútbol o sexo.

Hay un misterio profundo en el Ser Divino.
Dios es amor y al incluir la espiritualidad, Sensus, en el Diplomado **BioSensusMind** y en este libro, lo que se busca es que te entrenes en amar, en perdonar, en agradecer, en aceptar, en desapegarte, en desarrollar tu sentido del humor y -si tu así lo decides- en fortalecer tu fe y vivir conforme a la voluntad de Dios.

Imagínate que has saciado todas tus necesidades, has alcanzado tus metas, has desarrollado tus talentos y sigues sintiendo un vacío. Buscaste por años a tus compañeros de secundaria y después de la reunión, sigues sintiendo la sensación de que algo falta.
Como dice el padre Ignacio Larrañaga: "El enigma del hombre es que es mucho más que la suma de sus potencias".[104] Y el hombre puede actualizar todas sus potencialidades y seguir experimentando una profunda insatisfacción.
¿Qué llena el vacío del hombre?

"Siento un vacío igual que un deseo que tiene la forma de todo mi SER.
Tengo SED de Dios. El poema de Santa Teresa "Muero porque no muero". Solo quien suscitó esta sed en mi puede saciarla.

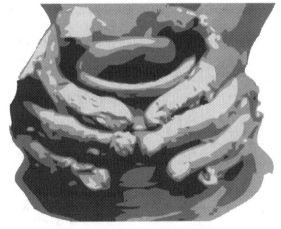

104   Larrañaga, Ignacio. "El sentido de la Vida, Editorial Alba, México D.F. 2004.

Ignacio Larrañaga dice: "Cubiertas todas tus necesidades, saciadas todas tus aspiraciones vitales, en el fondo de tu ser humano queda ardiendo una profunda insatisfacción, una sed insaciable, una misteriosa nostalgia... Solo un infinito puede llenar un pozo infinito. Y así llegamos a la palabra clave para descifrar el enigma del hombre: Dios."

La Fe y la ciencia no están peleadas. Dijo Albert Einstein: "Hay dos maneras de vivir la vida: una como si nada fuera un milagro, la otra: como si todo fuera un milagro."

Vives, mueres y amas diferente si crees en Dios que si no crees en un Dios; esta es tu elección personal que compromete toda tu existencia. Si tienes dudas sobre la existencia de Dios, bienvenido al equipo de los que hemos tenido dudas sobre su existencia. Dudar de la existencia de Dios forma parte de la Fe.
Algunos científicos cuestionan la existencia de la espiritualidad y la existencia de Dios pues al ser congruentes con su profesión, buscan su comprobación desde el método científico.

El doctor Francis S. Collins, médico genetista y director del Instituto Nacional para la Investigación del Genoma Humano, deja abierta la probabilidad de la existencia de Dios cuando, al describir la complejidad del ADN del genoma humano concluye que es una posible prueba de la acción creativa divina.[105]

El ADN, la molécula de Dios, su presencia en la vida misma. Los santos, los profetas, los apóstoles llegan a un momento en su existencia que pasan de la duda a la certeza de Dios y cuando esto ocurre, dan fe de la existencia de Dios; dar fe es certificar o afirmar algo como verdadero.

Regresemos a Ken Wilber y las tres miradas que propone para tratar de explicar el mundo: desde el ojo de la carne (el cuerpo), desde el ojo de la mente y desde el ojo del espíritu.[106]

Querer explicar a Dios desde la mirada de la mente científica es como el error de algunos religiosos que quisieron explicar desde la mirada de la fe, cómo funciona un sistema solar sin conocimientos de astronomía.

Recordemos algunos errores de la humanidad por no integrar nuestras tres miradas:
"La Tierra es plana" y "Sólo somos cuerpo y mente". En ambos casos se pierde la tridimensionalidad. Cuando el ojo del espíritu quiere explicar como ojo científico, perdemos la esfericidad de la tierra; cuando el ojo del cuerpo y el ojo de la mente quieren explicar la naturaleza humana, dejamos de ver a la persona en sus tres dimensiones: Bio Sensus Mind (cuerpo-espíritu-mente).

¿En cuál de tus tres miradas confías más?

¿Qué otra mirada puedes integrar a tu vida?

---

[105]   Collins, Dr. Francis S., médico genetista y director del Instituto Nacional para la Investigación del Genoma Humano. México.
[106]   Wilber, Ken, "Los tres ojos del conocimiento", Op. Cit.

Algunas personas espirituales caen en el pensamiento mágico por excluir el ojo de la mente. Algunos científicos caen en la arrogancia intelectual por cerrarse a escuchar el ojo del cuerpo y el ojo del espíritu.

En una ocasión pude escuchar a un gerente decir: me voy a amarrar a esta silla y me voy a suministrar el alimento por sonda para avanzar más en mi trabajo, las necesidades de mi cuerpo me estorban.

Pretendía el éxito mirando desde el ojo de la mente y su cuerpo después le pasó la factura con piedras en los riñones, pues tomaba muy poca agua para no levantarse de su asiento y poder avanzar más en su trabajo.

En la primera carta de San Pablo a los Corintios de la Biblia encontramos ideas que se relacionan con las tres miradas de las que habla Ken Wilber.

"¿De qué les sirve el conocimiento a los entendidos, a los instruidos, a los teóricos de este mundo, si desconocen a Dios? Las Escrituras plantean que son los ojos de la fe el camino a Dios y hacen una distinción entre la sabiduría humana y la sabiduría de Dios. La sabiduría humana es un conocimiento que proviene de nuestros sentidos, del ojo de la carne y del ojo de la mente".

Para aspirar a la sabiduría de Dios se requiere abrir el ojo del Espíritu:

"…pero a nosotros nos lo reveló Dios por medio de su Espíritu, pues el Espíritu escudriña todo, hasta las profundidades de Dios. En efecto, nadie nos conoce como nuestro espíritu, porque está en nosotros. De igual modo, sólo el Espíritu de Dios conoce las cosas de Dios…".[107]

> Un texto profundo que se puede volver complicado si hacemos la lectura con el ojo de la mente.
> Al leer la Biblia hay que meditar la palabra leída. Desde la mirada Bio Sensus Mind la palabra de Dios la podríamos leer tres veces: la primera para saciar la curiosidad de la mente; la segunda, para sentirla en el cuerpo, y la tercera, para meditarla y saborearla con el ojo del espíritu.

Los apóstoles no entendían nada del mensaje de Jesús hasta que se abrieron de par en par a Dios, Effetá es una palabra en arameo que significa "ábrete".

En el Evangelio de San Marcos "Curación de un sordomudo", Jesús metió los dedos en los oídos del sordomudo y tocó su lengua al tiempo que levantó los ojos al cielo, suspiro y dijo: "Effetá". Al instante al sordomudo se le abrieron los oídos y comenzó a hablar correctamente". [108]

[107]   Primera Carta de San Pablo a los Corintios, Capítulo 2, versículos 1-14. Biblia Latinoamericana. Editorial Verbo Divino. 1995. España.
[108]   Evangelio de San Marcos 7-33. Biblia Latinoamericana. Editorial Verbo Divino. 1995. España

Effetá es la brújula 3, la guía exterior, Dios como Navegador Satelital, nuestro GPS, la brújula que nos ayuda a abrirnos a la inspiración externa. Abrir los sentidos, la mente y el espíritu para percibir las señales de Dios en la vida; confiar en Dios y abandonarse a su voluntad divina.

Para evitar confusión, por una parte está el espíritu (Sensus) que con el cuerpo y la mente integran la brújula 1 BSM; esta es una brújula interior. Y por otro lado está la Brújula 3 de la cual nos alimentamos, el infinito interior se alimenta del infinito de Dios.

Somos como una pila que se recarga de la energía solar que es Dios. Aquí aplica la parábola de la Vid y los sarmientos:

"Jesús dijo: <<Yo soy la vid; vosotros los sarmientos. El que permanece en mí y yo en él, ése da mucho fruto; porque separados de mí no podéis hacer nada...>>".[109]

Si nos quedamos en la Brújula 1 y en la Brújula 2 y nos brincamos la Brújula 3 (Effetá) para elegir la Misión Personal (Brújula 4), nos podemos quedar en la propia voluntad y en la opinión de los demás, carentes de escuchar el eco de la voz de Dios en nosotros.

Alejarnos de la Brújula 3 Effetá tiene consecuencias en nuestra vida, es como si el celular con el que nos comunicamos estuviera dañado para establecer comunicación con las personas a las que queremos, en este caso Dios.

En una investigación realizada para indagar las posibles causas del rompimiento con una vocación de tipo religiosa, se encontró que el 88% estaba relacionado con un abandono de la oración o con su práctica deficiente.[110] La oración nos posibilita con su silencio y favorece que nos abramos a escuchar la voluntad de Dios.

Ejercicio

Explora la voluntad de Dios en tu vida. ¿Qué indicadores encuentras?

---

[109]   La Biblia: Texto del Evangelio de San Juan (Jn 15,1-8)
[110]   Checa, Rafael OCD. "Jornadas de Contemplación". Op. Cit.

INDICADOR DE LA VOLUNTAD DE DIOS	Preguntas de Reflexión	Observaciones
Nivel de apertura	¿Qué tan abierto estoy a escuchar a Dios?	
Captar las señales	¿Cuáles son las señales que Dios me envía para cumplir con mi propósito trascendente?	
Relación de amor y amistad con Dios	¿Cómo esta en este momento tu relación con Dios?	Si algo viene de Dios, se incrementa mi capacidad de amar.
Tiempo para Dios	¿Cuanto tiempo me dedico a escuchar a Dios al día?	Le dedico a Dios un ratito el fin de semana, una vez al mes en eventos sociales.
Sinceridad	¿Qué tan sincera es tu entrega a Dios?	Me acuerdo de Dios sólo cuando necesito un favor.
Humildad		Siento que soy mejor que los demás y que no necesito de Dios en mi vida.
Obediencia	¿Hago mi propia voluntad, sin considerar las necesidades sociales, las de la empresa para la que trabajo y la voluntad de Dios? ¿Hago la voluntad de mi jefe aunque va en contra de mis valores de mi personas, de la voluntad de Dios y afecta a otros?	
Justicia	¿Qué haría Jesús en tu lugar?	Cuando algo viene de la voluntad de Dios nos acerca a la justicia.
Paz interior	¿De los diferentes caminos que vas a tomar, cuál se conecta con una paz interior profunda?	Cuando elegimos la voluntad de Dios en nuestra vida, se genera en nuestro interior una profunda paz interior.
Gozo, alegría profunda	¿Cómo es la sensación corporal cuando experimento este gozo en Dios?	Lo que es de Dios, nos alegra.
¿Qué otros indicadores descubres?		

Vivir en la Voluntad de Dios

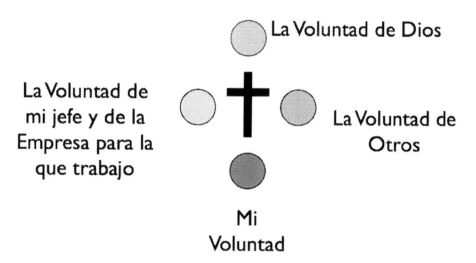

La Voluntad de Dios

La Voluntad de
mi jefe y de la
Empresa para la
que trabajo

La Voluntad de
Otros

Mi
Voluntad

¿A qué VOLUNTAD más escucho?
¿Cómo ALINEAR mi voluntad, la de otros, la
de la Empresa a la Voluntad de Dios?

¿Qué acciones puedo hacer
para que se abra mi brújula Effetá?

Uno de los nueve tipos humanos propuestos en este libro y en el Diplomado es el personaje Mirotalcuatl, quien ha integrado las tres miradas y puede ver las cosas y a las personas tal como son; va del conocimiento a la sabiduría sistémica y escucha la Voluntad de Dios.

Por ello es importante la contemplación, generar en nosotros un centramiento libre de expectativas, consejos, sin predisposiciones sobre lo que vemos, sin juicio, pues percibimos desde nuestros filtros familiares, culturales, predispuestos desde nuestras necesidades.

Mirotalcuatl desarrolla el don que plantea Saint-Exupéry en "El Principito" y que retoma Edgardo Sosa en su libro "Lo esencial es invisible a los ojos".[111]Una capacidad de ver lo esencial de las cosas.
El reto es hacer visible lo invisible de nuestras vidas, nos perdemos lo esencial y prioritario de cada momento, la sonrisa de los niños, dejamos de ver lo que tenemos por una obsesión por lo que no tenemos.[112]

---

[111]   Sosa, Edgardo, "Lo esencial es invisible a los ojos: reflexiones a partir del Principito. Ediciones Paulinas. (1997).
[112]   Las 99 Monedas de Oro, un cuento europeo citado por Antony de Mello y Jorge Bucay. Para el Avaro, 99 monedas de oro no le bastan para ser feliz porque le falta una moneda para llegar a 100 monedas.

RICARDO JOSÉ DE LA VEGA

¿Cómo poder percibir lo realmente significativo de este instante?

Respira y pide a Dios la mirada de Mirotálcuatl para mirar tal cual son las personas, tu persona, para pasar del suponer e interpretar al don de la contemplación con amor. Nuestras relaciones están llenas de coincidencias invisibles, dejamos de ver las necesidades del niño limpia parabrisas. ¿En qué momento ese adolescente es ahora un adulto? Pasa la vida y nos perdemos de lo cotidiano por ser cotidiano.

También el Dr. Gérard Dorsaz en su libro "Psico-espiritualidad: la alianza que cura", reconoce la importancia de mirar como lo hace el Principito y expone que la psicoterapia y la psiquiatría para curar al ser humano deben considerar la espiritualidad del hombre, salir de la ruptura entre fe y ciencia, integrar el mundo de la psicología "Psi" con el mundo de la espiritualidad "Spi".[113]

Integrar lo visible con lo invisible. Un legado que cambió mi vida espiritual, fue un ejercicio sobre mi biografía espiritual,[114] que tiene el objetivo de reflexionar **en qué momento pasa Dios de ser algo a ser alguien**. Este ejercicio lo he enriquecido con la ayuda de un alambre de color para acompañar el darse cuenta de los grupos sobre su biografía espiritual:

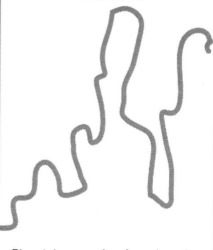

Soy uno con Dios:
Me vivo en Dios.

Vida Mistica "Orar es amar".
Tengo la certeza de Dios.

Dios es alguien que da amor incondicional

Dios es alguien de reglas (premio-castigo).

Dios es Algo.

Dios es una posibilidad.

Niego la existencia de Dios.

Sin idea de Dios.

Biografía espiritual de tu vida

En qué momentos de tu vida Dios pasó de ser "algo" a ser "alguien"?

En qué momentos pasó a ser nada?

Ejercicio con alambre de color

---

113 Dorsaz, Gérard, "Psico-Espiritualidad: la alianza que cura." Editorial Monte Carmelo. España 2009.
114 Solicitado por el Padre Rafael Checa en Dirección Espiritual.

Hay acontecimientos en nuestras vidas que nos quitan la fe en un Dios; por ejemplo, a Jerónimo después de varios años de noviazgo la novia le dijo que estaba aburrida y que rompía con la relación, Jerónimo se enojó con la vida y no quería salir a ninguna parte. Un amigo, al ver su aislamiento, le dijo que lo acompañara a un Canta Bar para que se distrajera de su dolor; cuál fue la sorpresa de Jerónimo al entrar y ver en una de las mesas del fondo a su ex-novia comiéndose a besos con un hombre.
Jerónimo salió corriendo y quería ir a la primer iglesia y bajar a golpes a Jesucristo del madero.

Vivir la fe significa aceptar nuestras dudas, confusiones, enojos con Dios y que hay acontecimientos en nuestra vida que nos acercan o nos alejan de Él, culpamos y agradecemos. Necesitamos pasar de una fe infantil a una Fe Adulta[115].

El psicólogo clínico David Richo dice que la naturaleza es impredecible, nuestra Fe necesita enriquecer e integrar la paradoja entre la revelación de un Dios providencial y el aparente destino trágico de la vida. ¿Cómo se fortalece tu fe tanto con los hechos catastróficos como con los providenciales?
La vida te da y te quita. Y hay que aprender y aceptar las etapas que se viven en un duelo.

Enojarnos con Dios, es una manera de relacionarnos con Él-Ella. Dios no se muda, permanece a mi lado mientras vivo mi realidad y le encuentro un sentido.[116] Nuestra Fe se alimenta del milagro cotidiano que es la vida y de los milagros increíbles donde se manifiesta la misericordia de Dios, por ejemplo, el primer milagro de San Juan Diego[117].

El caso en cuestión tuvo lugar en la Ciudad de México el 3 de mayo de 1990, cuando un joven de 20 años de edad, llamado Juan José Barragán Silva, cayó de una altura de 10 metros aproximadamente sobre terreno sólido, con un fuerte impacto valorado en 2,000 kg., con fractura múltiple del hueso craneal, y fuertes hematomas. Según la valoración de los médicos, la probabilidad de muerte superaba el 80%. Fue la mamá del muchacho quien le pidió al ahora Santo Juan Diego por la vida de su hijo.

El 6 de mayo de 1990, exactamente cuando el Santo Padre Juan Pablo II estaba celebrando la misa de **Beatificación de Juan Diego**, en el Sanatorio, el joven que había sido desahuciado se incorporó y, como tenía hambre, comió de lo que encontró en una charola. Los médicos no podían creer lo que estaban observando, obviamente exámenes de todo tipo fueron muy exhaustivos para tratar de dar una respuesta racional a lo ocurrido; el muchacho no tenía ya ni fracturas, ni contusiones, ni sangrado, absolutamente nada...

Tan admirable fue este prodigio, que a los pocos días salió del hospital por su propio pie.
Más de 15 médicos especialistas analizaron este caso, conformando un gran expediente para documentar el proceso del milagro. El periodista mexicano Ricardo Rocha pudo entrevistar para el Universal[118] a Juan José Barragán Silva, quien vive con salud increíble sin dolores de cabeza y le da gracias a Dios por salvarlo.

---

115   Richo, David, "Cuando el amor se encuentra con el miedo", Editorial Desclée de Brouwer, S.A., Bilbao España 1999
116   Azcárate Beltrán, Elisa, psicoterapeuta y teóloga, conversación con Ricardo de la Vega. Julio 2014. México, D.,F.
117   http://nucleodelalealtad.blogspot.mx/2010/04/el-milagro-de-san-juan-diego.html
118   http://www.eluniversal.com.mx/nacion/74514.html

En una conversación con Juan Carlos Erreguerena, Directivo del Conocer[119] y quien ha asistido al Diplomado BSM, compartió el beneficio de leer el libro tibetano de la vida y de la muerte[120]:

"Gracias a ese libro soy cristiano." ¿Cómo fue eso? Dos conceptos extraje de la lectura para mi vida:

· No ser un turista espiritual, que pica por aquí y por allá y no se compromete.

· Y tener un maestro. ¿Y qué mejor maestro que Jesús vivo?

En el camino de la Fe, (yo Ricardo) he sido en algunos momentos de mi vida "un turista espiritual" en búsqueda de Dios, que va desde la duda existencial "No soy nada y voy a la nada", a los cuarzos y la energía del universo, en donde Dios es "algo."

Al conocer al Padre Rafael Checa con su pregunta ¿en qué momento de mi vida pasa Dios de ser algo a ser alguien?, al conocer la labor del Padre Luis Jorge González, la confrontación del Padre Jesús Vizcarra, la conexión con Dios del Padre Daniel Gagnon OMI, la sencillez del Padre Tomás Chávez, y otros tantos testimonios de Católicos y Cristianos, me llevaron a elegir a Jesús en mi vida y me comprometo en la práctica diaria de la Oración Contemplativa y a vivir conectado con mi dimensión social brindando un servicio a la comunidad.

La metáfora del "Castillo Interior" de Santa Teresa de Jesús y "las Moradas" como COMPETENCIAS ESPIRITUALES al pasar de un nivel a otro, son una forma de explorar nuestro laberinto interior hacia nosotros mismos y a nuestra relación con Dios.

San Ignacio de Loyola ofrece otra práctica con los Ejercicios Espirituales Ignacianos, un método para acomodar cada cosa en su lugar y ordenar nuestra vida a la voluntad de Dios. Son ejercicios, pues implican un esfuerzo de nuestra parte.[121]

¿Qué otros caminos posibles existen para tu crecimiento espiritual?

En relación al desarrollo de competencias espirituales[122] hay niveles de conciencia y desarrollo de las mismas:

1. Hay personas que tienen una gracia o talento y no lo saben.

2. Hay otros que reconocen que tienen el talento.

3. Hay quienes lo desarrollan y lo llevan a la acción con la gente.

---

119   El Conocer es el Consejo Nacional de Normalización y Certificación de Competencias Laborales en México.

120   Cita de "El libro Tibetano de la vida y de la muerte"

121   Podemos encontrar un video explicativo de los ejercicios espirituales de San Ignacio de Loyola, del Padre Gustavo Lombardo, IVE, en la siguiente liga: http://ejerciciosive.org/eeo/index.php

122   Ignacio Palos, Reunión de hermanos Carmelitas Seglares en Iglesia del Carmen San Ángel, México, D.F. Enero de 2014. Comentario sobre la espiritualidad de que Santa Teresa de Jesús.

¿En qué nivel estás tú?

¿Qué necesitas para desarrollar tus talentos espirituales y ponerlos al servicio de la comunidad?

Ignacio Palos[123] nos invita a la reflexión y a la acción: el trabajo Mistagógico tiene que conducir a una experiencia de Dios. Y una experiencia mística en la Fe, el amor y la caridad tiene que tener un impacto en la sociedad. Algunas preguntas que necesitan trabajo interior serían:

¿Cómo es tu experiencia de Dios?

¿Cómo estamos creando comunidad en Dios?

¿Cómo diferenciar la experiencia de Dios de la psicosis?

El Dr. Carlos Treviño Becerra[124] como médico psiquiatra especializado en espiritualidad, podía diferenciar entre un éxtasis místico y las alucinaciones de un psicótico o de un demono-maniaco.[125] Un esquizofrénico tiene la mente dividida, un místico es una persona que integra todas sus dimensiones. El Padre Jesús Vizcarra tenía un método sencillo para diferenciar el éxtasis místico -donde la persona está actuando por la acción del Espíritu Santo- de los farsantes: una cubeta de agua.

En una ocasión, a un presuntuoso que aseguraba hablar en lenguas, le lanzó agua a la cara y la persona pasó de alabar a Dios a "mentar madres". Al que realmente está inspirado por Dios, lo conoces por su sencillez y por sus frutos, como al Padre Daniel Gagnon OMI. [126]

---

[123]   Director Nacional de los Carmelitas Seglares, México. D.F. Julio 2014.

[124]   Dr. Carlos Treviño Becerra, médico psiquiatra, fue Director de SOMEPAR (Sociedad Mexicana de Parapsicología) y realizó investigaciones para diferenciar el éxtasis místico de los trastornos psicológicos.

[125]   Demono-maniaco: persona que se cree poseída por el demonio.

[126]   El P. Daniel Gagnon OMI es Codirector del Seminario Mayor de la Provincia de México-Guatemala-Cuba de los Misioneros Oblatos de María Inmaculada. Trabaja en la investigación de la Religiones desde 1988. Fundador del proyecto: R E D I M I R (Red de Investigadores de Movimientos, Iglesias y Religiones). Actualmente es el Director de la Comisión Arquidiocesana para la Doctrina de la Fe (Apologética) en la Arquidiócesis de México y asesor de un grupo de Ayuda Mutua para ex-miembros de grupos sectarios. El P. Daniel ha impartido conferencias en la República Mexicana desde Baja California Norte hasta Oaxaca. También en muchos otros países. Ha sido entrevistado por periódicos, radio y televisón en México y los EE. UU. Es vocero de la Arquidiócesis de México para lo relacionado con las sectas. Ha grabado muchos videos: con Publicaciones Paulinas sobre los testigos de Jehová en inglés y en español. Grabó 41 conferencias sobre el protestantismo que están siendo transmitidas por toda America Latina por radio onda corta WEWN. También se transmite vía satelite una serie de 15 videos sobre la Bilbia y la defensa de la Fe. Es autor de siete libros sobre la defensa de la Fe católica y una serie, aun por completar, sobre todos los aspectos de la New Age (Nueva Era).

16 Diagnóstico de tu Salud Espiritual.

Después de lo que has leído en este libro, te invito a autoevaluarte en tu salud espiritual, revisa qué tanto vives cada verbo espiritual:

EN UNA ESCALA DEL 1 AL 5, califícate:

¿Vives en el día a día agradecido con la vida?　　　　　_____

¿Cómo está tu capacidad de perdonar?　　　　　_____

¿Qué tan feliz eres?　　　　　_____

¿Cómo ejerces tu libertad cada día?　　　　　_____

¿Con qué frecuencia oras y le expresas tu amor a Dios?　　　　　_____

¿Le expresas a tus seres queridos que los amas?　　　　　_____

¿Cómo está tu Fe en este momento?　　　　　_____

¿Tienes esperanza en que las cosas van a mejorar?　　　　　_____

¿Eres una persona caritativa y altruista?　　　　　_____

¿Cómo es tu nivel de compromiso ayudando a los más pobres?　　　　　_____

¿Qué acciones realizas para cuidar el medio ambiente?　　　　　_____

¿Qué aportaciones haces a la justicia social?　　　　　_____

Revisa tus acciones y omisiones; la dispersión espiritual es más común de lo que creemos: por estar en otras cosas, se nos olvida decir te amo, te agradezco, perdóname, en qué te puedo servir.

Disperzappin tiene tantas preocupaciones y distracciones que eso lo aleja de lo trascendente en su vida; los Focusingos se enfocan con "visión de tubo", en lograr sus objetivos personales, empresariales.

PossiBilly se enfoca plenamente en generar una vida con balance que incluye su salud espiritual.

Los Jojojijos Chinchin están en la apariencia de ser muy espirituales sin percatarse que sus acciones contradictorias gritan su incongruencia.

¿Cuál es la raíz del problema?

Puede existir un desorden afectivo, por ejemplo vivimos y actuamos desde el temor en lugar de vivir y actuar desde el amor. San Juan de la Cruz diría que existe un desorden en las capacidades del ser humano: en su entendimiento, memoria y voluntad. Puedo tener la memoria, el entendimiento y mi voluntad desordenadas.[127]

¿Qué alternativas tienes para enfrentar tu dispersión espiritual?

San Juan de la Cruz nos habla de cómo nuestras capacidades del alma pueden estar desordenadas: Si uso mi memoria solo para mortificarme la utilizo de forma negativa diciendo cosas como: "todas las desgracias me pasan a mi". El entendimiento lo puedo usar para mal: por ejemplo, la soberbia intelectual que solo me permite ver con el ojo de la mente y no me abro para mirar con los ojos de la Fe.
La voluntad negativa: Me dejo llevar por malos hábitos y no ejerzo mi voluntad para cambiar mis acciones y alinearlas con mi buena intención.
¿Cómo puedo ordenar mis capacidades y talentos para amar a Dios y dar un servicio a los demás?

Irma Cortés López[128] da una posible
alternativa para ordenarlas:
El entendimiento   con la FE
La Memoria   con la Esperanza
La voluntad   con la caridad
                     (mis actos de amor).

Los llamados milagros no son fines en sí mismos, Dios los genera con un para qué. ¿Cuál es el propósito de cada señal milagrosa?
La Fe y la Esperanza son apoyos, como las ruedas de una bicicleta de montaña que nos ayudan a viajar por los senderos de la vida, por caminos angostos con cuestas empinadas y descensos muy rápidos.

El amor nos lleva a emprender caminos desconocidos para el encuentro con el próximo más necesitado, para dar un abrazo y movernos a las acciones de caridad con los demás.

Como una bicicleta ligera hecha de aluminio, titanio, carbono u otras aleaciones resistentes para pedalear duro a pesar del miedo y las caídas del pasado, para poder vivir con libertad el presente y planear el futuro.

---

[127]   Cortés López, Irma, hermana Carmelita Seglar, Facilitadora del Curso de Pescar, Febrero 2014, México, D., F.

[128]   Irma Cortés López basada en el libro "Subida del Monte Carmelo" de San Juan de la Cruz, Editorial San Pablo, 2007, 456 páginas.

17 Acciones para cuidar mi Espíritu

El primer paso es revisar tus hábitos **BIO**:

¿Cómo vas con tu molécula triacciónica para cuidar tu cuerpo? (Libro 2 de esta serie)

¿Ya lograste que la molécula quede instalada en tu inconsciente corporal?

Necesitas trabajar en ello durante 21 días y prolongarlo todo un año para que realmente se genere un nuevo hábito. El músculo espiritual también necesita ser ejercitado, pasar de la oración contemplativa a la acción humanitaria.

¿Cuáles son tus hábitos espirituales? Cuando te levantas cada mañana ¿tienes el hábito de agradecer?, ¿a lo largo del día te acuerdas de Dios?, ¿qué acciones en pro de los demás has realizado esta semana?

Haz tu listado de posibles acciones para cuidar tu espíritu, apóyate en el cuadrante siguiente:

¿Qué acciones tienes que empezar a hacer? Usa tu creatividad, de ahí la imagen del foco.

_____

¿Qué puedes seguir haciendo que ya haces?

_____

¿Qué acciones puedes dejar de hacer? (Acompañado de la señal en rojo de "Stop").

_____

¿Qué acciones puedes hacer menos?

_____

Emprende acciones que generen resultados a tu favor
Tomar conciencia de TUS ACCIONES

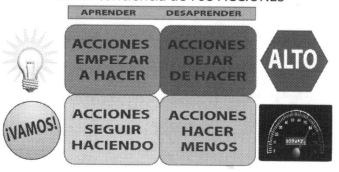

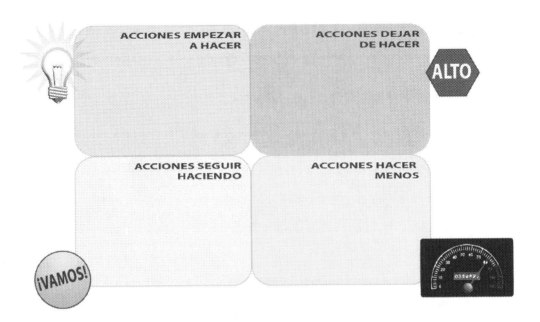

Vivir la Molécula Triacciónica Espiritual

Elegir la molécula de mis acciones para escuchar y cuidar mi Espíritu

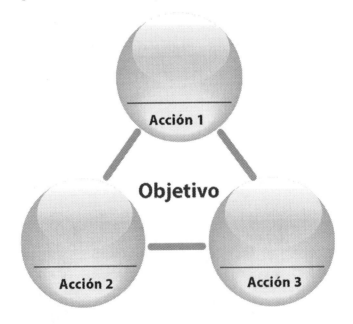

Si quieres respuestas hazte preguntas

21 ideas para abrir tus posibilidades

Esta sección te permite hacer más divertido el camino para encontrar respuestas integrales. Te has preguntado: ¿de dónde surgen las respuestas que das a las preguntas claves de tu vida? ¿Las contestan por ti tus amigos, la moda, la televisión o surgen de tu propia experiencia, de un libro que leíste, de un sueño, de tu inconciente? Lo cierto es que las respuestas están en alguna parte de ti, en tu inconciente corporal, en tu inconciente espiritual, en tu inconciente familiar, en lo más profundo del iceberg de tu mente. Si la vida de tu mente es fragmentada y cada hemisferio cerebral funciona por su lado sin dialogar con el otro, las respuestas son incompletas. Una pregunta es hueca si no genera en ti un eco interior que hace vibrar todo tu ser, ¿a dónde te lleva una respuesta dada a la ligera? Un estado emocional al momento de responder puede hacer la diferencia, ¿cuál es tu mejor estado emocional para encontrar tus propias respuestas?

Te proponemos elegir alguna de estas ideas para responder cualquier pregunta.

Idea 1 Neuroespirales

* Hazte la pregunta.

- Dibuja neuroespirales al tiempo que piensas la respuesta; empieza a dibujar la espiral de afuera hacia el centro.

- Ahora escribe tus respuestas.

Idea 2 Dibuja tu respuesta

* Hazte la pregunta. Por ejemplo: ¿Cómo quieres que sea tu vida en tres meses?

- Dibuja tu respuesta.

- Escribe tu respuesta

Idea 3 Un masajito

* Pide a una persona de tu confianza que te ayude.

- Elige la pregunta y dísela a la persona.

- La persona te da masaje en la espalda, cuello y cabeza.

- La persona que te da masaje en la espalda te hace la pregunta que tú eligiste.

- Responde de forma verbal mientras recibes el masaje.

- Escribe las respuestas que encontraste.

Idea 4 Gimnasia Cerebral

◦ Hazte la pregunta.

-Realiza movimientos de Gimnasia Cerebral para integrar tus hemisferios y encontrar mejores respuestas.

- Escribe tu respuesta.

Idea 5 Tararea una canción

◦ Hazte la pregunta.

- Tararea una canción que te guste, con la boca cerrada.

- Responde a la pregunta.

Idea 6 La siesta

◦ Hazte la pregunta.

- Después de leer la pregunta, disfruta una siesta de 30 minutos.

- Escribe la respuesta.

Idea 7 Sudoku

◦ Hazte la pregunta.

- Haz un sudoku y piensa en posibles respuestas a la pregunta.

- Escribe tu respuesta.

Idea 8 El helado

◦ Hazte la pregunta.

- Compra un helado y saborealo.

- Escribe tu respuesta.

Idea 9 Juego de Mesa

◦ Hazte la pregunta.

- Elije un juego de mesa para divertirte en familia o con los amigos.

- Escribe tu respuesta.

Idea 10 Baño

◦ Hazte la pregunta.

- Date un rico baño

- Escribe tu respuesta.

Idea 11 Meditar

◦ Hazte la pregunta.

- Medita 15 minutos o más

- Escribe la respuesta.

Idea 12 Trabajo doméstico

◦ Hazte la pregunta.

- Lava los platos de tu casa.

- Escribe la respuesta.

Idea 13 La respiración

◦ Hazte la pregunta.

- Respira tres veces profundamente.

- Escribe la respuesta.

Idea 14 Hazte preguntas

◦ Piensa en un problema de tu vida
  o de tu trabajo.

- Desenreda alguna extensión eléctrica,
  acomoda el librero, ordena tu casa u oficina.

- Elabora preguntas abiertas que no te
  has hecho sobre dicho problema
  (qué, quién, cuándo, cómo, dónde
  cuál, para qué, etc.)

Idea 15 De jardinero

◦ Hazte la pregunta.

- Siembra, riega o cuida un árbol
  o plantita.

- Anota tus respuestas

Idea 16 El abrazo

◦ Hazte la pregunta.

- Da 12 abrazos.

- Escribe tu respuesta.

Idea 17 Los niños

◦ Hazte la pregunta.

- Juega con niños.

- Escribe tu respuesta.

Idea 18 Caminar en silencio

◦ Hazte la pregunta.

- Camina 30 minutos en silencio.

- Escribe tu respuesta.

Idea 19 Altruismo

◦ Hazte la pregunta.

- Haz labor altruista

- Escribe tu respuesta

Idea 20 Leer

◦ Hazte la pregunta.

- Leé una hojas del libro que
  te gusta.

- Escribe tu respuesta.

Idea 21 Adivina tú la pregunta

◦ ¿Cómo ve tu problema un niño,
  un payaso, un superhéroe, un
  barrendero, etc?

- Adivina: ¿Que pregunta te haría
  dicha persona

- Escribe la pregunta.

Bibliografía

- Álvarez, Ramiro J. "Recuperar el alma." Editorial SAI Terrae, Santander. España, 2003.

- Amezcua, Cesáreo y García, Sylvia, "Oír el Silencio: lo que buscas fuera lo tienes dentro".

Narcea Ediciones, Madrid España, 2011.

- Biblia Latinoamericana. Editorial Verbo Divino. 1995. España.

- Carchak, Luis Angel, en "Coaching de Equipos." Julio de 2012. México, D.F.

- Checa, Rafael O.C.D. "Jornadas de Contemplación". Editorial Santa Teresa, México, 2013.

- Checa, Rafael O.C.D. "Prácticas de Oración", por la Asociación Latinoamericana de

Desarrollo Humano, S.C.

- Covey, Stephen. "Los siete hábitos de las personas altamente efectivas". Editorial Paidós Ibérica.

- Cruz, Camino. "Arquitectura del Éxito". Editorial Océano.

- Dilts, Robert, "Coaching Herramientas para el Cambio". Editorial Urano. España, 2004.

-Domit, Michel, "Ser, hacer y tener: ¡Atrévete a cambiar tu vida hoy!". Editorial Diana, 1991.

- Dorsaz, Gérard, "Psico-Espiritualidad: la alianza que cura." Editorial Monte Carmelo. España 2009.

- Fabry, Joseph B., "La Búsqueda del Significado: La Logoterapia Aplicada a la Vida".

Fondo de Cultura Económica. 1998

- Fischman, David. La Alta rentabilidad de la Felicidad. Editorial Aguilar, México, 2011.

- Frankl, Víktor E. El hombre en busca de sentido. Herder Editorial S.A. 2004.

- Frankl, Víktor E., "La Presencia Ignorada de Dios". Editorial Herder.

- Obras completas de Santa Teresa de Jesús (9a Edición).

- http://nucleodelalealtad.blogspot.mx/2010/04/el-milagro-de-san-juan-diego.html

- Fromm, Erich. "El arte de amar (The Art of Loving)" 1956 y traducido al español en 1959 por Paidos.

- Libros y conferencias del Dr. Luis Jorge González. Editorial: Biblioteca de Autores Cristianos, 1997. Ma-drid, España. www.luisjorgegonzalez.org.mx

- http://www.taringa.net/posts/videos/877522/Triatlon_-un-padre-y-su-hijo-paraplejico_-.html

– http://publiespe.espe.edu.ec/articulos/liderazgo/motivacion.pdf

– http://ejerciciosive.org/eeo/index.php

- http://www.eluniversal.com.mx/nacion/74514.html

- http://eleconomista.com.mx/distrito-federal/2010/01/19/cae-camion- segundo-nivel-periferico

- http://www.uia.mx/departamentos/dpt_filosofia/kierkergaard/art.html

- http://www.psicologia-positiva.com/VIA.html

- http://www.serhacertener.com

-http://www.articuloz.com/autosuperacion-articulos/aprender-del-silencio-385853.html

Posteado: 13/04/2008

- Larrañaga, Ignacio. "El sentido de la Vida", Editorial Alba, México D.F. 2004.

- "El libro Tibetano de la vida y de la muerte". Sogyal Rimpoché, Editorial Urano. España, 2006.

- Lukas, Elisabeth, "Ganar y Perder: la Logoterapia y los vínculos emocionales". Editorial Paidós Ibérica. Barcelona, 2006.

- Martha Heineman Pieper; William J. Pieper. "Adictos a la Infelicidad: libérese de los hábitos de con¬ducta que le impiden disfrutar de la vida que usted desea". Editorial EDAF. 2003.

- Martín González, Ángeles. "Manual práctico de Psicoterapia Gestalt". Especialidad de Desarrollo

Humano en el IHPG, México, 2012.

- Mora Vanegas, Carlos. "Aprender Del Silencio".

- Myriam Muñoz Polit. "Emociones, sentimientos y necesidades. Una aproximación humanista".

México, 2010.

- Nesti, Carlo. "Mi psicólogo es Jesús". Obra Nacional de la Buena Prensa, A.C. México, 2010.

- Nouwen, Henri. "Con las manos abiertas". Editorial Lumen Argentina. 1998.

- Película "En busca de la felicidad". (2006) Con Will Smith, Dirigida por Gabriele Muccino.

- Piccarreta, Luisa. "Libro de Cielo". Tomo 1, Volumen 01 al 04, Traducción por el Dr. Salvador Thomas-siny Díaz. 23 de Noviembre de 2010.

- "¿Por favor podría mi verdadero YO ponerse de pie?" Editorial Diana. México, D.F. 1993.

- Richo, David, "Cuando el amor se encuentra con el miedo", Editorial Desclée de Brouwer, S.A.,

Bilbao España, 1999.

- Schmill Herrera, Vidal. "Disciplina Inteligente". Editorial: Producciones Educación Aplicada.

México, 2004. Pedagogo y especialista en la educación en valores.

- Seligman, Martin E. P. "La auténtica Felicidad". España, Edición Mayo 2001, Ediciones B.S.A.

para el sello Zeta Bolsillo.

- Sosa, Edgardo, "Lo esencial es invisible a los ojos: reflexiones a partir del Principito".

Ediciones Paulinas. (1997).

- Steel, Piers, "Procrastinación: Por qué dejamos para mañana lo que podemos hacer hoy".

Editorial Grijalbo, 2012.

- Welch, Susy, "10 minutos, 10 meses, 10 años". Alienta Editorial.

– www.patriciahashuel.com.ar Newsletter No. 373 de Coaching Tips, Enero de 2009.Wilber, Ken, "Los tres ojos del conocimiento". Editorial Kairós. Quinta Edición. Octubre 2006.

- "Subida del Monte Carmelo" de San Juan de la Cruz, Editorial San Pablo, 2007, 456 páginas.

Maestro en Publicidad y Lic. en Ciencias de la Comunicación. Cuenta con diversas Certificaciones Nacionales e internacionales como Facilitador de Aprendizaje Acelerado, como Coach Ejecutivo, Team Coach y Meta-Coach, Coach Cognitivo Avanzado, Logoterapia, Desarrollo Humano, Biofeedback y Manejo Grupal.

Es Catedrático en varias Universidades, Facilitador y Conferencista en temas de Comunicación, Inteligencia Emocional, Integración de Equipos, Actitud Positiva, Ventas, Manejo del Estrés, Proyecto de Vida, Balance de Vida, Salud Integral, Desarrollo Humano y otros.

Es Director Gral. del Instituto Possibilitas y Coordinador del Comité Técnico del CONOCER (SEP), para la creación del Estándar de Competencias para la nueva figura de servicio integral "Possibilitador".

Hapublicado varios libros (BioSensusMind Possibilitas, un sistema integral para possibilitar tu vida, Los Lagartolibros en el País de los Lagos y Publicidad Subliminal: las 65 controversias) y participa en programas de radio y T.V.

Saludos

Ricardo de la Vega.